優秀な人材が求める
3つのこと

退職を前提とした組織運営と人材マネジメント

Three things that the best candidates look for

ドルビックスコンサルティング
車谷貴広
Takahiro Kurumatani

日経BP

はじめに

経済産業省による「人材版伊藤レポート」※が２０２０年９月に公表されたことが一つの契機となり、企業の「人材（人的資本）」への取り組みが変わっています。働き手の価値観の多様化などを受けて人材市場は様変わりしつつあり、企業にはそれらの変化に即した対応が求められています。加えてここ数年、急速に人材不足や賃金の上昇といった問題が湧き上がっており、人材への取り組みは企業において非常に大きな関心事になっていると言えます。

※「持続的な企業価値向上と人的資本に関する研究会　報告書」（https://www.meti.go.jp/shingikai/economy/kigyo_kachi_kojo/pdf/20200930_1.pdf）

企業の人事担当者は、「これまでのやり方では必要な人材を確保できないだけでなく、人材の流失にもつながりかねない」という強い危機感を抱いています。企業は人材について、考え方を改め、新たな指針を策定する時期に来ていると言えるでしょう。

経営コンサルティングの行き着くところは「組織や人の問題」

筆者は20年以上にわたり、経営戦略コンサルタントとして、世界的な大企業から中堅企業、ベンチャー企業に至るまで、２００社近い企業の経営課題の解決に携わってきました。経営戦略やマーケティング、経営管理といったテーマを中心に支援することが多いのですが、企業が抱える課題は当然それらだけで解決するものではありません。

ある問題事象を捉えたとき、その事象には経営戦略、組織、業務、情報システム、ファイナンスなどの様々な問題が複雑に絡まっており、そのような複合的な問題構造を解きほぐしながら解決することが求められます。筆者が所属するドルビックスコンサルティング 経営戦略コンサルティング本部は、特定の領域に特化した支援も行いますが、クライアント企業が抱える問題の本質を捉え、外部の専門家とも連携しながら総合的な支援をするというスタンスを基本として臨んでいます。そのため、当初想定していたものとは異なる支援になることが多く生じます。例えば、新しい情報システムの構築を進める（という想定だった）支援において、「御社に高価な情報システムは不要で、既存の情報システムにちょっとしたツールを組み合わせるだけで大丈夫です」という提言になることは少なくありません。当初の情報システム導入の背景に照らすと、実は情報システム自体の重要性があまり高くなく、他に取り組むべき課題があるというケースです。そのようなアプローチで支援していると、入り口となる問題は異なる領域のように見えても、行き着くところは「組織や人の問題」になることが多いのです。

はやりの「ＤＸ（デジタルトランスフォーメーション）」においても、最終的に組織と人の問題がボトルネックになることが少なくありません。デジタルを前提とした企業経営では、仕事の考え方／進め方が今までと全く異なり、その会社にとって新しいタイプの人材や働き方が必要になります。従来その会社で活躍していた人たちがついていけなくなるばかりか、今までの仕事の考え方／進め方に固執するような人たちは「邪魔」にさえなります。企業がＤＸを進めるとき、このような「人材問題」は避けて通れないのです。

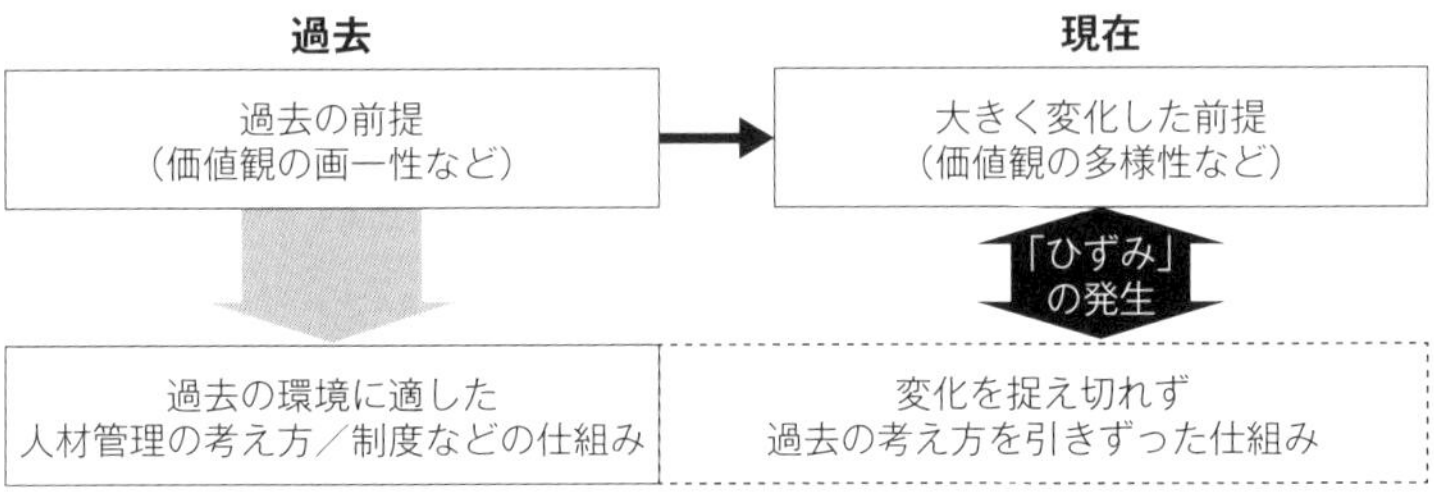

図　人材問題に関する「ひずみ」

人材問題の前提が変わっている

筆者自身、これまで多くのクライアント企業に人材戦略や人事制度改定といった「人事案件」を支援してきました。昨今痛感するのは、「人材問題を議論する上での前提が大きく変化している」ことです。特に強く感じるのは、「優秀な人材」についてです。多くの企業が「優秀な人が次々に辞めてしまう」という問題に直面しています。これは企業の規模や業界に関わらず、就職人気ランキングで上位に位置する企業でも同様です。

従来の前提を引きずったままだとこのような変化を十分に捉え切れず、結果として、人事制度に「ひずみ」のようなものが生じてしまっているのではないか――そのように感じていました（図）。

そこで本書では、まず次の2点を掘り下げます。

- 人材問題を考える上での前提がどのように変わっているのか
- それに対応するために、企業はどのようなアプローチが求められているのか

特に「優秀な人材が次々に辞めてしまう」という点に重点を置き、本書では多くの読者が悩んでいるであろう次の疑問に答えます。

- 優秀な人材の退職はなぜ増えているのか？
- 優秀な人材は何を求めているのか？
- 企業は「優秀な人材が次々に辞めてしまう」という問題に対してどのような考え方でアプローチすることが必要なのか？
- 優秀な人材を守る／確保するために、特に人事制度において具体的にどのような仕掛けが必要なのか？

これらを理解し、読者自身が自社の人材問題を解決できるようにする――これが本書の目的です。

人材問題は人事の議論だけでは解決できない

本書は主に人事部門の方を対象としていますが、経営者の方々にもお読みいただければと思っています。なぜなら、現在の人材問題は人事部門の議論だけでは解決できないからです。

実際、人材問題を扱うコンサルティングの現場では変化が起きています。従来であれば、人材問題は人事コンサルティング会社（もしくは部門）で扱うケースが多かったのですが、ここにきて、経営戦略コンサルティング会社（もしくは部門）に声がかかることが多くなっています。それはつまり、人材問題に悩む主体が人事部門だけではなく、経営層に広がったことを意味します。

本書は「人材マネジメント」を軸に書いていますが、人材問題は人材マネジメントだけでは解決できないので、「組織運営」（組織マネジメント）についても触れています。

人材マネジメントについては、人事制度などを広く網羅的に述べるのではなく、「優秀な人材が次々に辞めてしまう」という問題事象を起点として、その対応に必要なアクションに絞って解説しています。業界、事業特性、組織風土などによって取るべきアクションは異なりますが、基本的な考え方はある程度共通しており、「どのように考えるべきか」「何をすべきか」をお示しし、解決に向けた行動に必要なことを体系的にまとめています。

「優秀な人材が次々に辞めてしまう」という問題に取り組む上で、本書が読者の一助になれば幸いです。

車谷 貴広

目次

はじめに …… 1

第1章 人材問題の正体と解決の道筋

1-1 企業経営における人材問題の位置付けとこれまでの取り組み …… 18
企業経営における人材問題の優先順位は高くなっている …… 18
狙いを実現できない「人事制度改定」 …… 21

1-2 人材問題の正体 …… 29
論点①「エース級」を含めた優秀な人材が転職する時代 …… 29
論点②今後、十分な人数を確保できることはない …… 34

論点③人事の主導権は企業側にはない……37
1-3 人材問題の解決への道筋……42

第2章
人材市場を正しく理解する

2-1 マクロ分析～総量・流動性・充足度～……48
総量：労働力は毎年1％ずつ失われる……48
流動性：潜在的な転職者数は増加している……50
充足度：人材不足はもはや解決されることはない……52
2-2 トレンド分析～転職者のマインドと規模・業界による差異～……54
「ポジティブな転職」が増えている……54
人材が確保できないのは特定の規模や業界に限らない……58

2-3 人材問題の解決の糸口～「人材循環時代」～ 62

第3章 「人材循環時代」の人材マネジメント

3-1 優秀な人材が求める3つのこと 66
3-2 キーワード1「自律的なキャリア形成」 68
キャリアパス 70
働き方 75
3-3 キーワード2「評価や処遇の納得感」 79
合理的であると「感じられる」ことが重要 79
担保すべき社内の公平性1「職種間の公平性」 83
担保すべき社内の公平性2「職責（階層）間の公平性」 86

担保すべき社内の公平性3「評価による公平性」…… 88
3-4 キーワード3「成長機会の存在」…… 97
3-5 経営戦略レイヤーのキーワード「会社の将来性」…… 104

第4章 人事制度の考え方

4-1 「人事制度改定」という作業の性質 …… 108
4-2 人事制度改定を進める上で押さえるべき5つのポイント …… 110
ポイント①:「人材基本方針」を最初に固める …… 110
ポイント②:誰を重視するのかを決めておく …… 114
ポイント③:誰が「優秀」なのかをしっかりと捉える …… 118
ポイント④:「誰もが納得/満足できる人事制度にはならない」と割り切る …… 122

ポイント⑤：「意図」に基づいて明確な「論理」を通す……127

4-3 人事制度改定の考え方……131

人事制度の4つの要素と基本的な流れ……131

人事制度検討後のチェック項目～「合目的性」「網羅性」「整合性」～……135

4-4 人事制度改定を進める上での留意点……138

留意点①：自己評価が高い人の取り扱い……138

留意点②：聞き取り調査では退職者の「本音」を把握できていない……140

留意点③：退職者の本音は、期待に対する「失望感」……143

第5章 「人材循環時代」の人事制度の形

5-1 人材マネジメントの3つのキーワードと人事制度の関係性……146

5-2 雇用区分体系：キャリアパスや働き方は「自分で選ぶ」時代 149
多様性への適応が求められる 149
キャリアパス：「職種別採用」は限定的 151
勤務地：「会社都合の転勤は原則ない」という流れが主流へ 157
勤務時間：ライフステージによって「切り替えができる」仕組み 164
5-3 等級体系：早期抜擢が可能な仕組み 169
等級体系は組み合わせが必要となる 169
職能等級区分の簡素化と滞留年数の撤廃、降格運用の定着を組み込む 172
5-4 評価体系：行動の分解と能力等級要件の具体化 179
評価は処遇を決定するだけでなく、育成のために不可欠なもの 179
能力・行動・成果の3つを見るが、特に留意すべきは「行動」 181
能力評価は「等級要件」の具体化が肝 183
「成果」は個人成果だけでなく組織成果も意識する 186
評価は特に「運用」が重要 187
5-5 報酬体系：下方硬直性からの脱却 188

下方硬直性から脱却する 189
「報酬総額」と「分配」は分けて議論する 192
他社との比較より社内比較での納得感 196
5-6 極めて優秀な人材などのための「別枠」の処遇 200

第6章 「人材循環時代」の組織マネジメント

6-1 組織マネジメントはメンバーシップ型を否定することから始まる 208
6-2 「標準的な60％」の人で及第点を取れる仕組みを目指す 211
6-3 「標準的な60％」を底上げする 215
求められるのは育成の仕組み 215
育成がうまくいかない根本原因は「業務の属人性」 217

属人性を排除する「再現性の確保」……222
優秀な人材の活用法……226

第7章 今後の「人事部門」の在り方

7-1 人材問題は経営マターになっている……232
7-2 「人事業務部門」から「人事戦略部門」へ……236
7-3 「組織変革の主導者」としての人事部門の心構え……240

第8章

日本における人材マネジメントの将来像

8-1 「日本型人材マネジメントシステム」とは何か ……… 248
8-2 「日本型人材マネジメント」は限界を迎えているのか ……… 252
8-3 人材マネジメントで必要となるチューニング ……… 256
基本となるのは「メンバーシップ型」 ……… 258
「メンバーシップ型」では対応できない2つのタイプの人材 ……… 262
「正規雇用」という関係性からの拡張 ……… 266
「出世」を目指さないキャリアパスの確立 ……… 270
おわりに ……… 275

第1章

人材問題の正体と解決の道筋

1-1 企業経営における人材問題の位置付けとこれまでの取り組み

企業経営における人材問題の優先順位は高くなっている

筆者は経営戦略コンサルタントとして活動していますが、ここ数年、急激に「人材問題」をテーマとしたご相談が増えていると感じています。もちろん、以前からクライアント企業との間で人材問題が話題に上がることはありましたが、経営戦略コンサルティングの一環として取り組むことはそれほど多くはありませんでした※。ところが最近は、人材問題を重要な経営課題と位置付け、経営戦略コンサルタントを採用して解決に取り組む企業が多くなっています。

※「人事制度改定」といった限定的な場面でのコンサルタントの活用は別です。

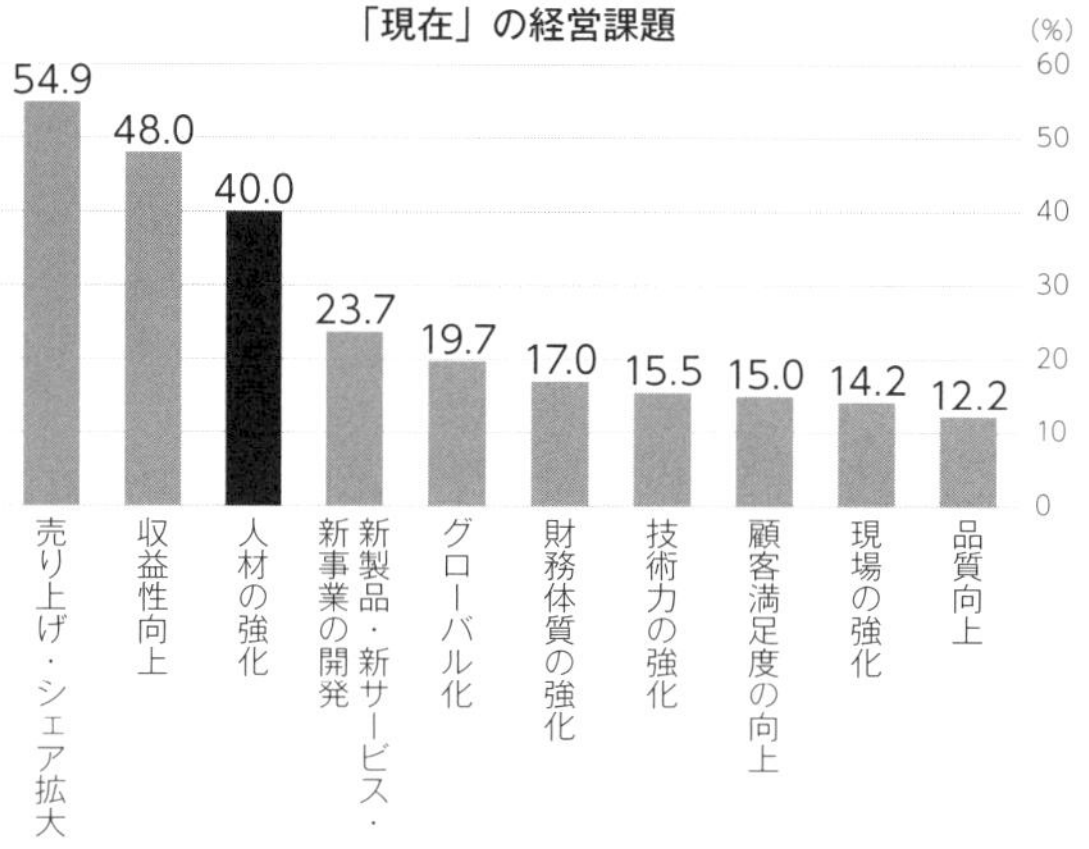

図表1-1　日本企業の経営課題（2012年版）

一般社団法人日本能率協会「日本企業の経営課題」
（https://www.jma.or.jp/website/report.html）の各年版から上位10項目のみ抜粋して筆者作成

一般社団法人日本能率協会が実施している調査結果を見てみましょう。「『現在』の経営課題」を聞いた調査で、２０１２年の結果を見ると1位は「売り上げ・シェア拡大」（54・９％）、２位は「収益性向上」（48・０％）、３位に「人材の強化」（40・０％）でした（**図表1-1**）。それが２０２２年12月に公表された最新の結果（「日本企業の経営課題２０２２」）では、「人材の強化」の順位が上がっているのです。「『現在』の経営課題」と「『3年後』の経営課題」を聞いており、「人材の強化」は前者で２位（41・１％）、後者で１位（41・７％）になっており、さらに「『現在』の経営課題」では「働きがい・従業員満足度・エンゲージメントの向上」（12・３％）が7位に入っ

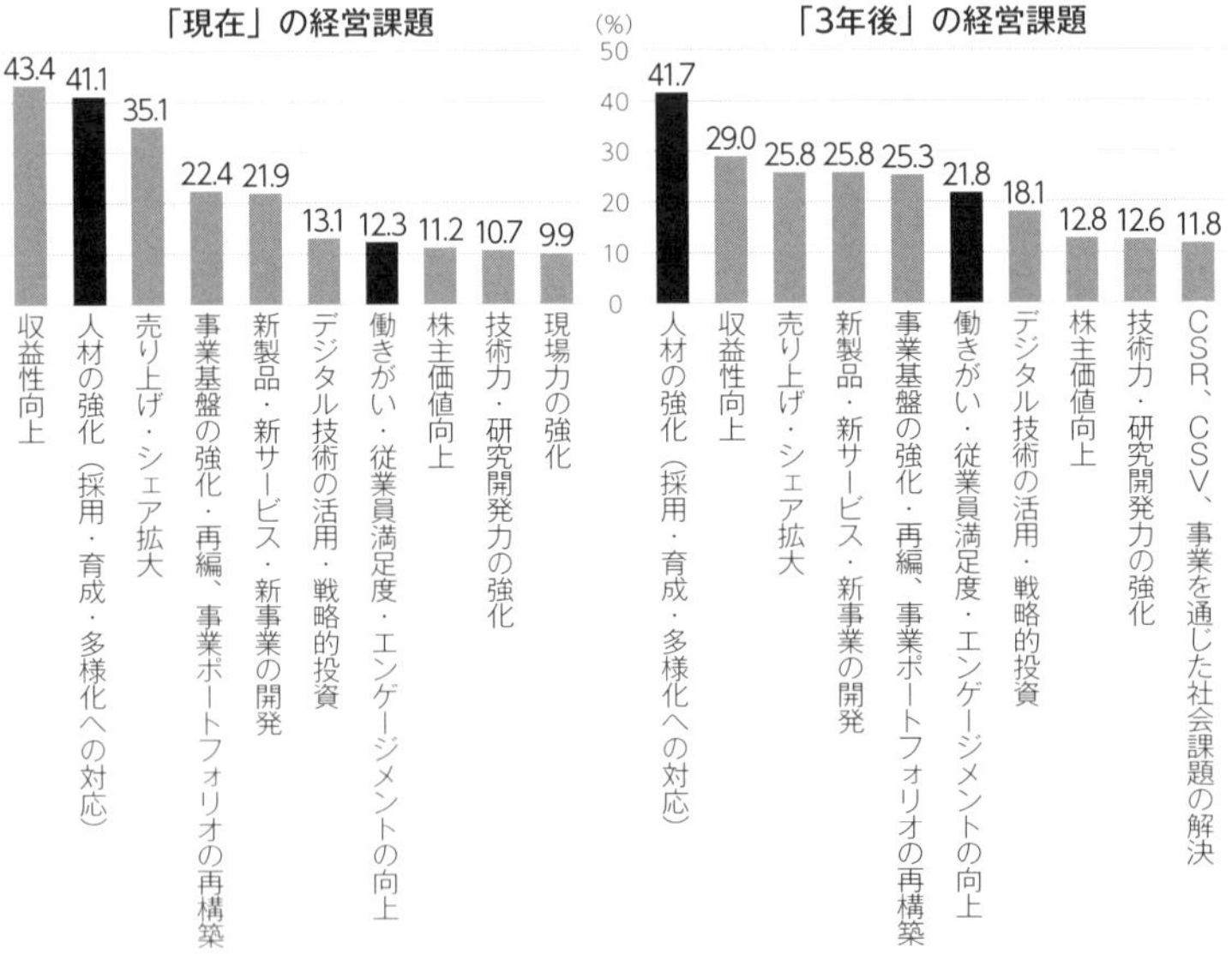

図表1-2　日本企業の経営課題（2022年版）

一般社団法人日本能率協会「日本企業の経営課題」
（https://www.jma.or.jp/website/report.html）の各年版から上位10項目のみ抜粋して筆者作成

ています※（図表1－2）。

※ 1位から3位までを選択する方式の調査で、その合算数値で順位を決めています。2012年に1位だった「売り上げ・シェア拡大」は、2022年では35・1％で3位にとどまっています。なお、2012年の調査では、「働きがい・従業員満足度・エンゲージメントの向上」という選択肢はなかったようです。

同調査では、「従業員満足度」に対して「顧客満足度」に関する項目もあります。2012年の調査（「顧客満足度の向上」という項目名）では8位（15・0％）でしたが、2022年の調査（「顧客経験価値・満足度の向上」という項目名）では13位（9・0％）にとどまっています。従業員満足度と顧客満足度は相反するものではなく両方を追求すべきですが、同調査から、顧客満足度よりも従業員満足度を重視する経営の姿勢がうかがえます。これも、今の時代を端的に物語っているように思います。

狙いを実現できない「人事制度改定」

優先順位が高まっている人材問題に対処すべく、企業は人事制度の改定などを実施してきましたが、あまりうまくいかず、「改定前と何も変わらない」という状況に陥ってしまっているケースが少なくありません。その理由はいくつかあります。

人事制度改定が狙いを実現できない理由1：表面的な「形」だけにとどまる制度設計

1つめの理由は、制度の表面的な「形」だけ作り直しているからです。最近だと「スペシャリストが必要なのでジョブ型にする」といったように、トレンドを追った施策を表面的に導入するだけになっていることが非常に多いです。人事制度を設計する際には、人材に対する考え方や会社の戦略、事業や業務の特性、さらには組織風土などに照らし合わせ、それらと連動性のあるものを作り上げることが必要です。

例えば、「本当の意味でのジョブ型」※1を導入しようとする場合のことを考えます。そもそも日本では法規制上解雇は簡単ではなく※2、本当の意味でのジョブ型をしっかりと運用することは難しいのですが、仮に法規制が整ったとしても、人事制度だけでなく雇用など人材に対する考え方や仕事の進め方などを含めて見直すことが必要です。しかし、人材の考え方や仕事の進め方などを大幅に変えられない場合も多いです。そのような場合には、ジョブ型を導入しようとした目的に立ち戻り、制度の方を修正することが必要になります。制度単体で考えてしまうと、戦略や仕事の進め方などとの連動性が取れなくなり、結果として機能しない制度になってしまいます。

※1 最近の議論にある「欧米型の人材マネジメントの考え方」をもって「本当の意味でのジョブ型」と表現しています。「ジョブ型に似た何か」を象徴的に「ジョブ型」と呼ぶことを否定するわけではありません。意図していることをしっかり伝えられるのであれば、「今までとは考え方を根本的に切り替える必要がある」というメッセージ性を強く持たせる上でも、「ジョブ型」というキーワードをあえて用いるのは有効な一手だと思います。

※2 正確に言えば、法律の規定上では解雇は難しくないのですが、職務非限定での採用といった背景もあり、実態としては解雇が難しいという性質を持っています。

人事制度は、その背景にある思想や周辺にある様々な仕組みと連動性を持たせることが非常に重要で、「形」だけ作ってもうまくいかないものです。

人事制度改定が狙いを実現できない理由2：不十分な「運用」

2つめの理由は、人事制度の「運用」が不十分だからです。人事制度の設計と運用は掛け算の関係にあり、どれだけ優れた設計であっても、運用が0点であればトータルで0点になります。もちろん、運用でどれだけカバーしようとしても、設計に問題があればどうしようもありません。

運用が不十分になる要因は、一つには設計時にしっかりと運用を意識していないからです。例えば、筆者がコンサルタントとして人事制度設計を支援する際によく聞く意見として、「制度はシンプルにしないと運用できない」というものがあります。「シンプルにした方がよい」のは一理あるのですが、経験上、シンプルにすることにより運用の負担が増すケースはかなり多いです。

「シンプルにした方がよい」というのは、実は「あいまいに運用する」ことが前提になっている場合が多いです。しっかりとした運用をしようとすると、詳細に落とし込まれた制度の方が結果として運用しやすくなります。複雑な制度だと理解するのに時間がかかりそうですが、論理立っていればそれほどでもありません。説明用の資料では要点を絞ることで「シンプルに見えるようにする」ことが必要ですが、制度としてはある程度の細かさが不可欠です。

また、運用が不十分になるもう一つの要因として、「運用の手間を惜しむ」ことが挙げられます。人事制度の中でも、特に評価制度をしっかりと運用しようとすると、人事部門だけでなく事業部門を含め、かなり大きな負担がかかります。しかし、人材問題の解決に本気で取り組むのであれば、ここは避けて通れません。手間をかけるべきです。

企業において「人材は非常に重要であり、人事制度をしっかりとしたものにしなければいけない」と誰もが口をそろえますが、実態を見ると、人事制度、特に評価制度を軽視する傾向が強いです。「日々の業務が忙しいので、人事評価が負担になるようなことは避けてくれ」という主張が当たり前のようにされています。「人材が最大の経営資源」と公言している企業でも、そのような光景を見ます。

営業部門において将来的な収益につながる顧客基盤の構築や、開発部門において将来の収益基盤となるような製品開発は、たとえ手間をかけてでも取り組むはずです。「負担になる」と言ってないがしろにしていると、短期的には稼げても中長期的に弱体化するのは目に見えています。それと同様に、将来的に会社を担う人材を育てるための取り組みを「負担になる」とないがしろにしていたら、会社の弱体化につながります。

人事制度をしっかりと運用するには、ある程度負担が増すことは避けられません。運用で「楽」をしてはいけないのです。

人事制度改定が狙いを実現できない理由3：制度に終始した検討

人事制度の改定が狙いを実現できない最後の理由は、制度改定の狙いである人材問題の解決には、人事制度以外の要素も大きく影響するにもかかわらず、制度の議論に終始しやすいということです。

人事制度改定の狙いになることが多い「退職」という問題を見てみます。報酬や評価

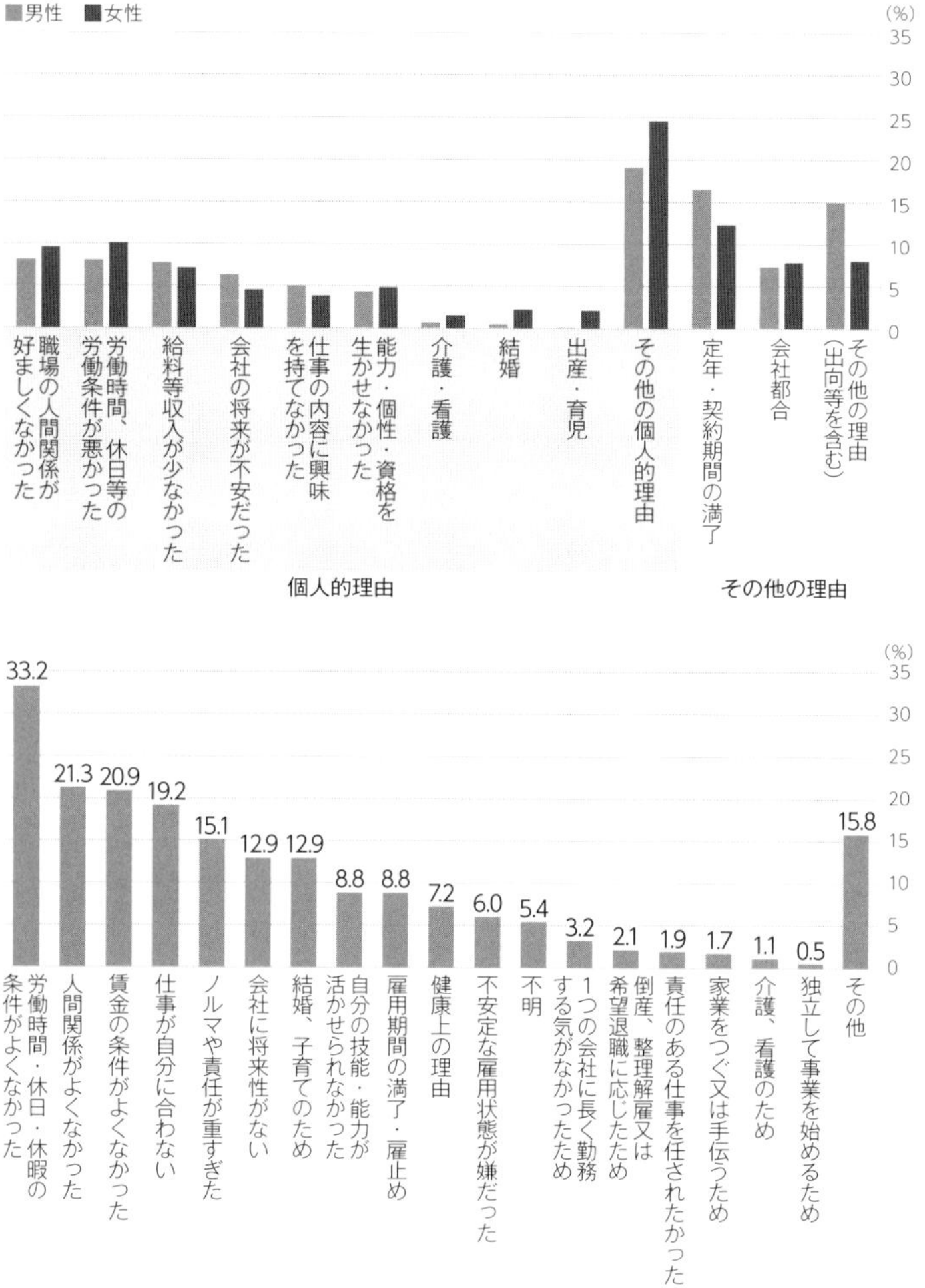

図表1-3 「男女別の転職理由」(上)と「大卒者(35歳未満)が新卒で入社した会社を辞めた主な理由」(下)

上は「令和３年雇用動向調査結果の概況」(https://www.mhlw.go.jp/toukei/itiran/roudou/koyou/doukou/22-2/dl/gaikyou.pdf)のデータを基に筆者作成、下は「平成30年若年者雇用実態調査の概況」(35歳未満、https://www.mhlw.go.jp/toukei/list/dl/4-21c-jyakunenkoyou-h30_08.pdf)のデータを基に筆者作成

で不満が積み上がったときに退職につながることが多いため、報酬見直しなどの人事制度改定を通じて退職を抑止したいという狙いが生まれます。しかし、従業員が退職する理由はそれらだけではありません。調査結果を見ると、人間関係の難しさや会社の将来に対する不安、個人の適性や仕事とのミスマッチなど、人事制度では対応が難しい理由も上位にあり、「人事制度改定」によって対処できることは限定的なのです（図表1-3）。

企業が抱える人材問題を解決するには、人事制度の改定は欠かせませんが、それだけでは不十分というわけです。しかし、人材問題の解決に取り組み始めると人事制度改定に集中してしまい、制度が組み上がると何となく「終わった気になる」ということが多いです。

本書では、人事制度を軸に話を進めていますが、その中で、その前提となる人材マネジメントの考え方、そして組織マネジメントについても述べています。あくまでも人事制度は人材マネジメントの一要素。しかし、従業員に対して大きな影響を与える、非常に重要な要素です。

人事制度が出来上がってゴールではなく、そこがスタートです。作り上げた人事制度を活用し、人材問題の解決に向けた人材マネジメントを行うことが必要になります。

1-2 人材問題の正体

ここまで、人事制度を改定しても狙いの実現、要するに人材問題の解決を実現できていない理由を説明しました。しかし、なぜそのような状況に陥ってしまうのでしょうか。特に「人事制度以外の要素も大きい」となると、もはや人事だけの問題とは言えません。そこで、人材問題についてさらに掘り下げ、現在の人材問題とはどのような問題なのか、その正体を3つの論点で解説します。

論点①「エース級」を含めた優秀な人材が転職する時代

わざわざ述べるようなことではありませんが、転職は既に当たり前になっています。

特に最近は優秀な人材が転職するケースが多く、しかも若手だけでなく、企業にとって「エース級」と言える40代の方の転職も増えています。人事部門の立場であれ、事業部門の立場であれ、優秀な人材から退職を切り出され、その対応に苦慮した経験は一度や二度ではないと思います。

なぜ優秀な人材の流動性が高まっているのでしょうか。もちろん様々な事情があるとは思いますが、その背景として、企業側には「1．就職氷河期世代の影響」と「2．質的な人材ニーズの変化」があります。加えて、応募者側のトレンドとして、「3．ダイレクトリクルーティングサービスの広がり」によって転職に対するハードルが下がっていることが大きく影響しているように感じられます。

優秀な人材が転職する背景1：就職氷河期世代の影響

現在の企業活動で中核を担っている40代～50歳前後の世代（筆者自身も含まれます）は「就職氷河期」の世代です。バブル期の過剰採用の反動に加え、金融不安などの影響もあって経済環境が厳しくなり、企業は採用数を大きく絞りました。結果として、大学を卒業しても正規雇用の職に就けない人が多くなった世代です。

１９９９年の平均有効求人倍率は０・48倍（２０２３年は１・31倍）[※1]、２０００年卒の新卒者に対する求人倍率は０・99倍（２０２４年卒は１・71倍）[※2]と、現在（２０２４年１月の執筆時点）に至るまで書き換えられていない最低水準を記録しています。現在、その世代が会社の中核を担う時期に差し掛かっています。それ以前の世代と比べて新卒時の採用数が少ないため、企業活動で中核を担える人数が急速に減りつつあるのです。

※１ 出所：厚生労働省「一般職業紹介状況」
※２ 出所：株式会社リクルート「ワークス大卒求人倍率調査」(https://www.works-i.com/surveys/adoption/graduate.html)

この世代が年齢で見た従業員数ピラミッドの谷間になっている企業は少なくありません。そのため、中途採用によって優秀な人材、さらには会社の中核を担えるような「エース級」の人材を採用するという企業側のニーズになっているのです。

優秀な人材が転職する背景２：質的な人材ニーズの変化

質的な変化における代表的なトピックスは「ＤＸ」です。デジタルテクノロジーを活用した業務変革に挑むため、これまで各社で抱えていた人材とは全く異なるスキルや経験を持つ人材が求められるようになり、外部から採用せざるを得なくなりました。このようなことはＤＸ／ＩＴといった領域に限らず生じています。ファイナンスや人事などについても同様で、企業において求められる専門性は非常に高度になっており、新卒で採用し育成した「社内で相対的に専門性が高い人」だけでは対応し切れず、それぞれの領域で「市場で見て専門性が高い人」を外部から獲得する必要性が高まっています。

このような変化を受け、これまで中途採用に積極的でなかった企業も、外部から積極的に人材を採用するようになりました。企業が求めるのは「高度なスキルや経験を持った人材」であり、優秀な人材が転職する下地は広がっているのです。

なお、ここまでに挙げた2つの背景などによって企業内で戦力として中途採用者が重視されたこともあり、中途採用者の扱いに「慣れた」ことも大きいと捉えています。中途採用の受け入れについては「うまい会社」と「へたな会社」があります。以前と違って中途採用者が不可欠な存在になりつつあることで、受け入れ数も増え、それに伴って受け入れが「うまくなってきた」。それによって中途採用者が活躍する機会も増え、さらに中途採用に対するニーズも高まる。そういった循環が生じていると捉えています。

優秀な人材が転職する背景3：ダイレクトリクルーティングサービスの広がり

テレビコマーシャルなどで「ビズリーチ」を見聞きした読者は多いと思います。同社のサービスは「ダイレクトリクルーティングサービス」と呼ばれるもので、同様のサービスは他社も手掛けており、転職の第一歩を踏み出すハードルを大きく下げています。

従来は、明確な転職意向を持って初めて行動（＝エージェントへの登録など）に移ることが多かったのですが、ダイレクトリクルーティングサービスが広がると、気軽に転職活動の入り口に立つようになります。これにより、従来であれば転職市場に出てこないような人材が市場に登場するようになりました。

ダイレクトリクルーティングサービスの特徴は、応募者は「受け身でよい」ということです※。レジュメを登録しておくだけで、スカウトメールが届き、興味があれば見ることができます。レジュメも入力フォーマットに従って最初は簡単なものを記載するだけでよく、従来のような「まずは履歴書と職務経歴書を作成することから始まる」といったハードルの高さはありません。このような気軽さもあり、転職活動の入り口に立つ人が増えているのです。

※ ダイレクトリクルーティングサービスに登録をしても、エージェントからの接触があり、最終的にはエージェント経由で転職という流れになることも多いです。

ビズリーチのスカウト可能会員数は1年間で44万人程度、毎月3万人以上が新たに登録されているとのことです※。企業の主力・若手層の多くが登録して「転職予備軍」になっていると考えた方がよいでしょう。そして、そこには当然、「優秀な人材」が多く含まれていると考えるのが自然です。

※ 2022年7月時点で170＋万人、2023年7月時点で214＋万人、出所：ビジョナル株式会社 決算説明資料。

論点②今後、十分な人数を確保できることはない

日本の「少子化」については繰り返し叫ばれており、詳しく説明するまでもないと思

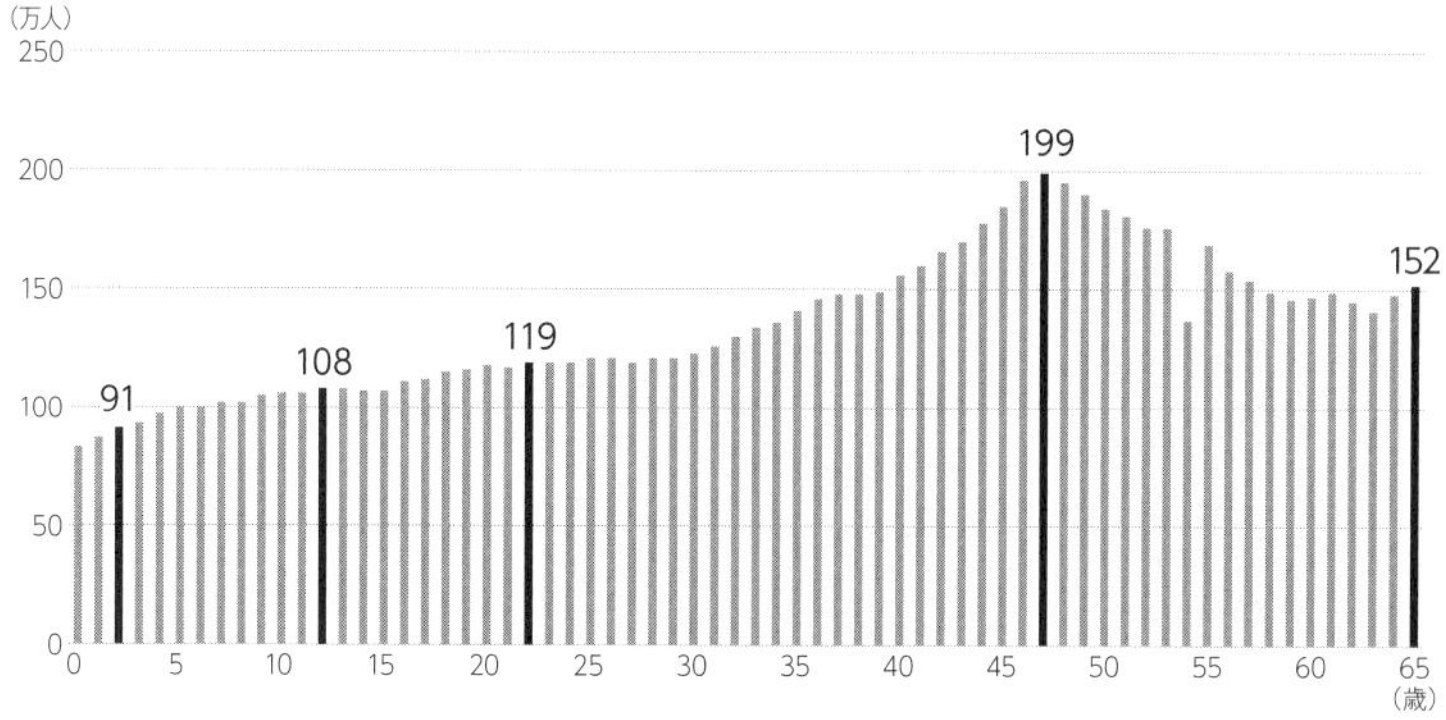

図表1-4　年齢別人口（2020年時点）

総務省「国勢調査」のデータを基に筆者作成

いますが、世代人口の多かった団塊世代（１９４７年〜１９４９年生まれ）は既に後期高齢者に差し掛かり、団塊ジュニア世代（１９７１年〜１９７４年生まれ）も50代に達しつつあります。

以下に示す数字はいずれも２０２０年時点のものです。65歳の人口は１５２万人で、その後、定年を迎える世代の人口は多少の増減はありますが増え続け、ピークは47歳の１９９万人です。一方で、これから社会人になる世代は既に少子化の影響を大きく受け、人口が少ない世代になっています。22歳は１１９万人で、それを超える人口を持つ世代はもはやなく、10歳下の12歳は１０８万人、20歳下の２歳は91万人となっています（**図表１-４**）。

今後10年から20年近くにわたり、定年を迎える人が増

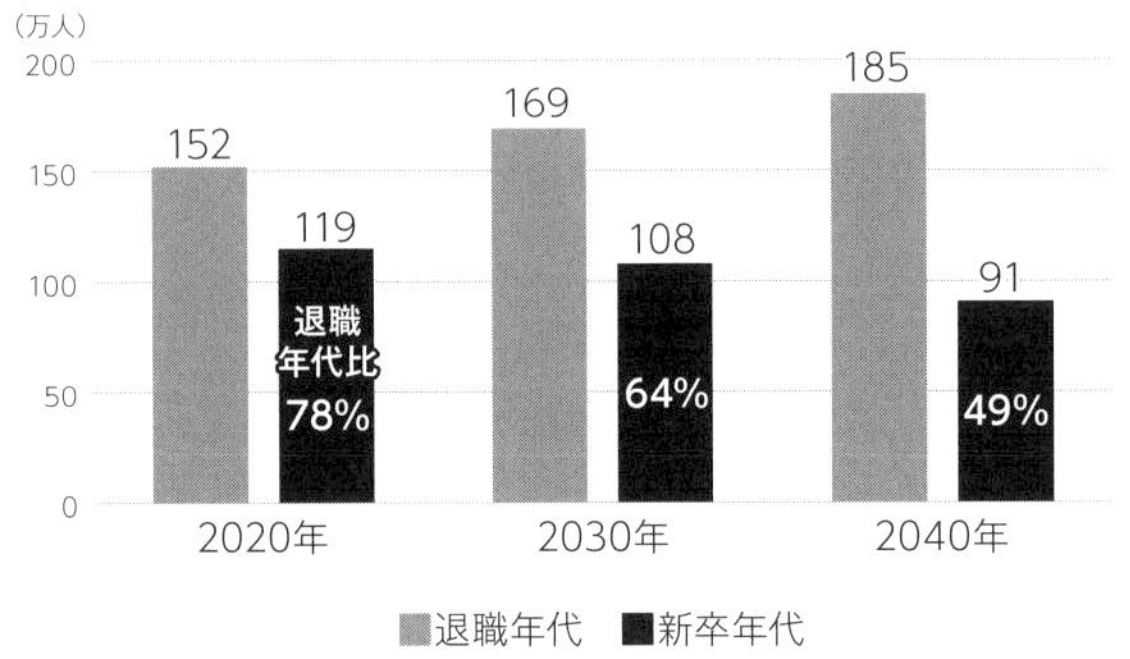

図表1-5　退職年代と新卒年代の人口比較（2020年時点）

総務省「国勢調査」のデータを基に筆者作成

え続ける一方で、新たに社会人になる人は減り続けることが確実です。ざっくりとした計算では、定年退職する人の半分しか新たに社会人にならない、という時代が待ち受けています（**図表1-5**）。

企業の未充足求人数（求人数に達していない数）を見ると、既にコロナ禍以前の水準に戻って高止まりしています。短期的には景気循環の影響などで変化はありますし、長期的にはテクノロジーの活用などによって企業は「少人数での事業運営」を目指すと思いますが、少なくとも当座はこのトレンドに大きな変化はないと思われます。

全体のパイが小さくなるので、各社は人材確保に向けて必死になって取り組むでしょう。そのような中で自社だけが十分な人数を確保できる、というのは都合の良い思い込みと言わざるを得ません。

これまでは「人数は充足できる前提で、いかに優秀な人材を確保するか」という発想で取り組んでいたと思いますが、今後は、「十分な人数の確保はできない」という前提に切り替えねばなりません。

論点③人事の主導権は企業側にはない

日本企業はこれまで、役割が異なる部門間の異動（例えば営業部門から人事部門への異動など）であっても、転居を伴う転勤であっても、会社からの辞令を「当たり前のこと」と受け入れるケースが多かったと思います。「就社」という発想で、「会社の都合に合わせる」という働き方を当然とする風潮でした。

筆者自身、社会人としてのスタートは生まれて初めて降り立つ街でした。縁もゆかりもなく、希望とも異なっていました。入社前に人事部から配属地の希望を聞かれ、「関東出身なので、首都圏とか東北の方を希望します」程度に答えたのですが、ふたを開けてみれば希望と全く異なる地です。ただ、そのことに特に疑問を感じることはなく、入社後も、数年ごとに日本各地に転勤を繰り返す社内の人たちを当たり前のように見ていました。

仕事の内容に関しても、会社側の考えに沿ったものでした。一定の年数を経過すると自ずと「この人は○○に強い」という専門性の色がついて、担当する仕事内容はある程度限定されてきますが、少なくとも若手のうちは、必ずしも働き手側の意向に沿うものではありませんでした。

そもそも、「メンバーシップ型」と表現される従来の日本型人材マネジメントシステムは、「会社の都合」に合わせた人材配置を従業員側が受け入れることを前提としています。従来の日本企業のいわゆる「総合職」は、職務についても勤務地についても制約がありません。そのため、あるポストで欠員が出た場合、会社側はそこに「補充」する人を社内で確保できるのです。他の拠点で同様の職務に就いている人を転勤によってスライドさせることもできますし、他の職務に就いている人に今までとは異なる業務を担当させることもできます。

「ジョブ型」であれば基本的に職務も勤務地も限定されるため、欠員が出た場合には社外から確保する必要が生じますが、メンバーシップ型にはそのような縛りがありません。新卒で採用し、職務については適宜スライドをさせながら徐々に専門領域のようなものを固める。勤務地は欠員の発生状況などを見ながら配置していくのです。日本型人材マネジメントシステムの特徴の一つは「終身雇用」ですが、それが実現できるのもこのように会社の都合に合わせて配置することが可能だったからと言えます。その代わり、大学を卒業したばかりで、言ってみれば「何もできない」人でも雇用してもらえますし、ある程度の安定を享受できるという従業員側のメリットも小さくありません。

これまでの日本型人材マネジメントシステムは会社側にも従業員側にもメリットがあり、従業員はそのような仕組みを当然のものとして受け入れてきました。しかし最近では、このような前提が成り立たなくなっています。人事に携わる人であれば「配属ガチャ」※という言葉は既になじみのある言葉になっていると思いますが、本人の意思に沿わない仕事に就いた場合には退職につながりやすくなっています。

※ 新入社員は配属先を選べず、どのような職場に配属になるのか分からないこと。

以前であれば、特定領域において将来を強く嘱望される人材であっても、最初の数年間は「現場を理解するための配属」になるケースも多かったのですが、近年は職種別採用を導入する企業が増えています。個人的には「現場を理解するための配属」には大きな意義があると思いますが、最近はこのような「現場経験」を嫌がって、新入社員が入社早々に辞めてしまうケースも多いと聞いています。

企業は優秀な人材を採用するために「意に沿わない仕事に就くリスクはない」と明確に示す必要があり、結果的に、職種別採用が増えている状況なのです。つまり、人事の主導権は企業側になくなってしまったのです。

転勤についても敬遠される傾向が強まっています。2022年にNTTが「転勤・単身赴任廃止」という制度を導入しました。コロナ禍を経てリモートワークが併用できるようになったこともあり、転勤に対する意識はかなり変化してきています。

日本企業では最近、「ジョブ型」がはやりです。ジョブ型の意味合いがやや曲解されている感はありますが、キャリア形成において自律性が高まる方向にあることは間違いありません。人材の流動性が高まっている現状では、企業としては従業員個々人のキャリアに対する考え方、志向などを尊重せざるを得ない時代になっています。

1-3 人材問題の解決への道筋

ここまで見てきたように、働く人の総量が減り、流動性も高まっています。これまでであれば取りあえず人数を確保し、その上で「会社の都合」に合わせて社内で融通すればよかったのですが、それも難しくなっています。人事部門がどれだけ頑張って取り組んでも、これからは人材の量・質が完全に満たされることはありません。そういう時代であると認識しなければ、人材問題の解決の糸口は見えてきません。

現在の人材問題を俯瞰《ふかん》すると、もはや人事の問題だけではないことに気付くことができます。「人材の量・質は満たされない」状態であれば、事業部門の立場で考えると、従来どおりの仕事のやり方では回らなくなるからです。会社全体を変革させるような発想

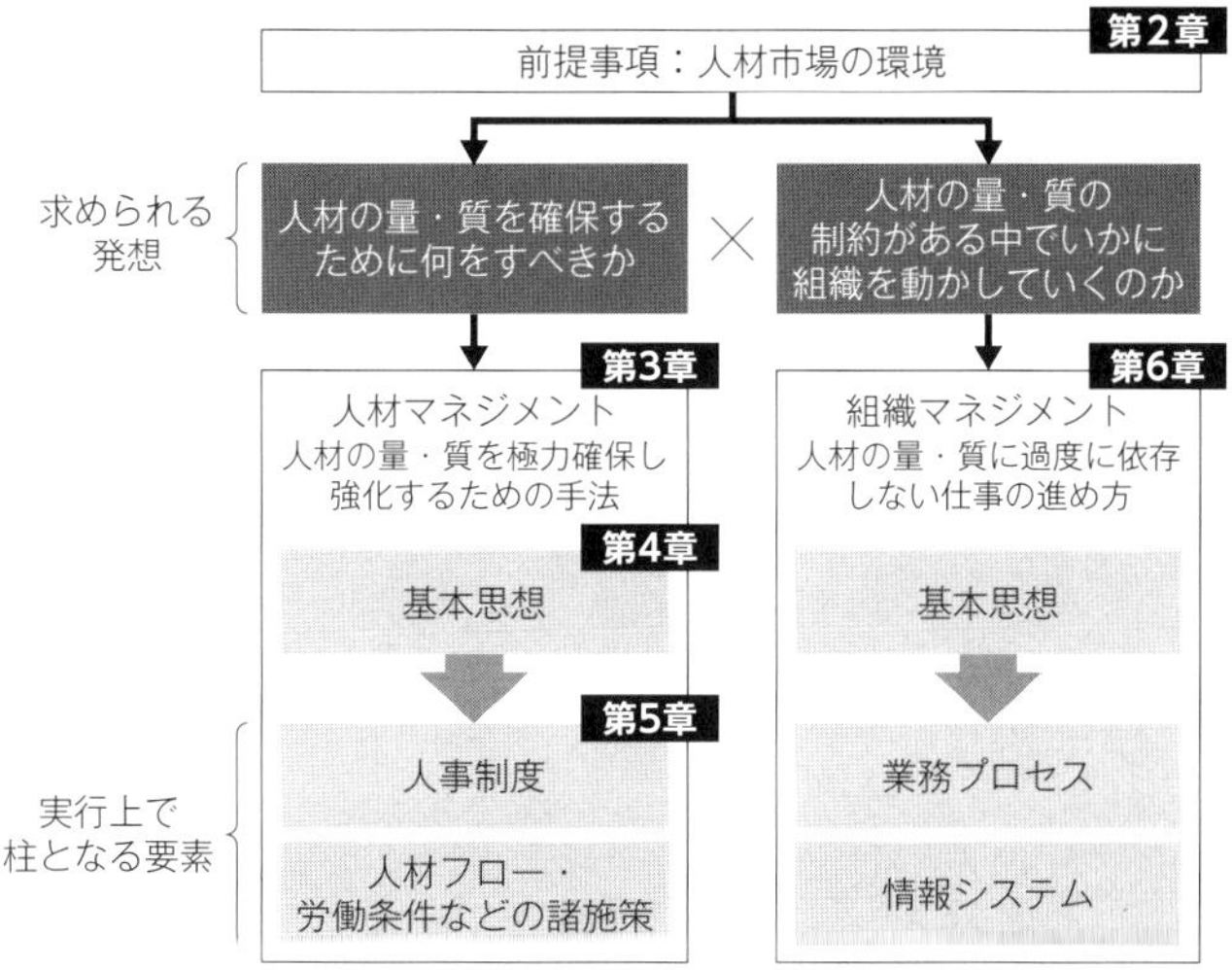

図表1-6　人材問題の構造と本書の内容

が求められています。

人材問題を解決するために、本書では、主に人事部門が取り組む「人材マネジメント」と、人が確保できない中で業務を継続して成果を出す「組織マネジメント」の両輪で解説します（**図表1-6**）。

人材の量・質の確保を最初から諦めることは望ましくありません。当然、「量・質を確保するために何をすべきか」について考え、最大限の取り組みを推進し続けることは不可欠です。会社として求める人材をどのように採用するのか、能力向上のためにどのように育成を図るのか。さらには育成して能力／市場価値が高まった人材にいかに定着してもらうのか——これらの施策をしっかりと組み立てることは絶対に必要です。これを本書では「人材マネジメント」として解説します。

とはいえ、これらの取り組みを実践しても、人材の量・質が確保できるとは限りません。「人材の量・質は満たされない」時代になっているのです。そうすると、「人材の量・質の制約がある中で、いかに組織を動かしていくのか」について並行して考えていかねばなりません。企業の持続性を担保するには、人材の量・質に過度に依存しない仕事の進め方を確立することが求められます。それを本書では「組織マネジメント」として解説します。なお、「組織マネジメント」という言葉は、使う場所によっていろいろな意味で用いられますが、本書では業務プロセスや情報システムなどを含めた「仕事／業務の進め方」という意味で用いています。

本書の構成

次の第2章では、現在の人材市場がどのような状況になっているのかを整理します。

第3章から第5章は「人材マネジメント」についてです。第3章では優秀な人材が求める3つのキーワードを取り上げて時代に合った人材マネジメントの方針を示します。その上で第4章では人事制度の考え方について述べた上で、第5章ではその3つのキーワードを取り入れた人事制度を詳しく述べます。

第6章は「組織マネジメント」についてです。「人材の量・質は満たされない」という人材市場の環境を踏まえてどのような考え方が求められるのかを述べます。組織マネジメントの実行上で柱となる業務プロセスや情報システムの詳しい話は他に専門的に書かれている書物が多く存在するため、そちらに譲りたいと思います。

第7章は今後の人事部の在り方について説明し、第8章では日本における人材マネジメントの将来について展望します。

第2章

人材市場を正しく理解する

2-1 マクロ分析～総量・流動性・充足度～

現在の人材市場を改めて整理したいと思います。押さえるべき観点は、人材の絶対数である「総量」と、人材が転職市場にどの程度出ているのかを示す「流動性」。そして、その結果として企業が人材ニーズに対してどの程度満たせているのかという「充足度」です。この3点について、可能な限り正確な数字を紹介します。

総量：労働力は毎年1％ずつ失われる

日本の総人口は2008年の1億2808万人がピークで、そこから既に減少傾向に入っているのは周知のとおりです。調べた時点の最新の人口は1億2452万人※で、既

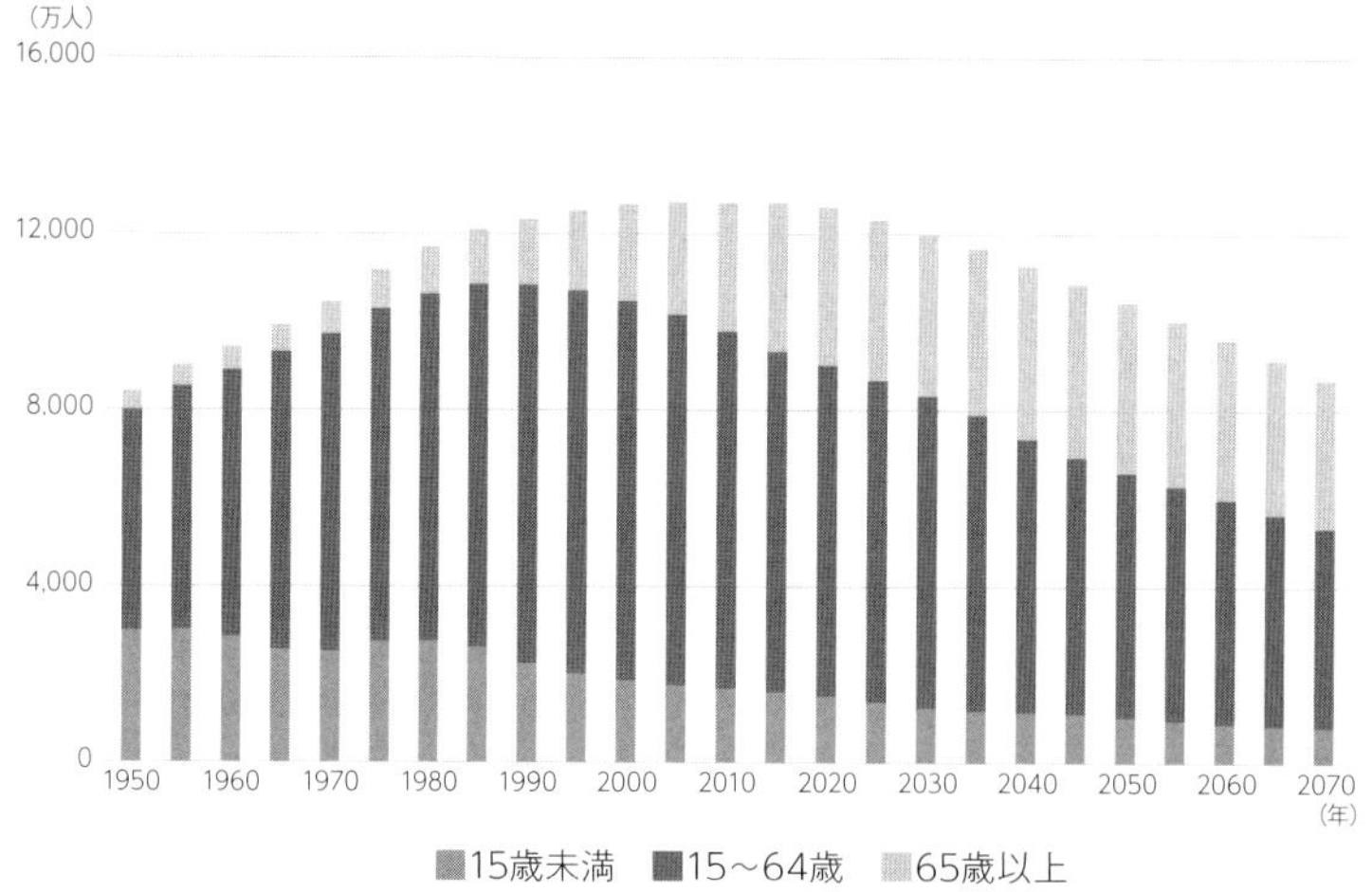

図表2-1　人口推計（2020年時点）

2020年までは総務省「国勢調査」に基づく実績値、2025年以降は国立社会保障・人口問題研究所「日本の将来推計人口（令和5年推計）」（出生中位（死亡中位）推計）に基づく推計値。それらを基に筆者作成

にピーク時と比べて３５０万人以上も減少しています。

※２０２３年７月１日現在、総務省統計局「人口推計」

企業の雇用に関しては総人口より15歳から64歳までの生産年齢人口との関連が強いので、以降では生産年齢人口に絞って見ていきます。生産年齢人口は１９９５年には既にピークを迎えていました。１９９５年の生産年齢人口は８７１６万人で、２０２３年７月１日現在７４０２万人です。総人口と生産年齢人口は、今後も大幅に減少し続けることが見込まれています（**図表2-1**）。

国立社会保障・人口問題研究所による「日

本の将来推計人口（令和5年推計）」の推計値（出生中位（死亡中位）推計）によると、生産年齢人口は、2040年には6213万人（2023年7月1日現在7402万人に対して16・1%減）、2070年には4535万人（同38・7%減）まで減少するという予測結果になっています。今後、おおむね毎年1%ずつ労働力が失われる計算になります。

流動性：潜在的な転職者数は増加している

次に、転職者数を見てみましょう。総務省が発表している「労働力調査」によると、コロナ禍の影響を受けて2020年と2021年の転職者数は減少していましたが、2022年には再び増加傾向に転じています。コロナ禍直前に当たる2019年の転職者数は353万人と過去最高を記録しています。それ以前のピークは2006年および2007年で、いずれも346万人でした。2008年のリーマン・ショック後、2010年にかけて283万人にまで減少したものの、2011年以降は緩やかながらも増加を続けてきました。近年は景況感の波などによって上下しつつも、おおむね300万人から350万人程度で推移しています（図表2-2）。

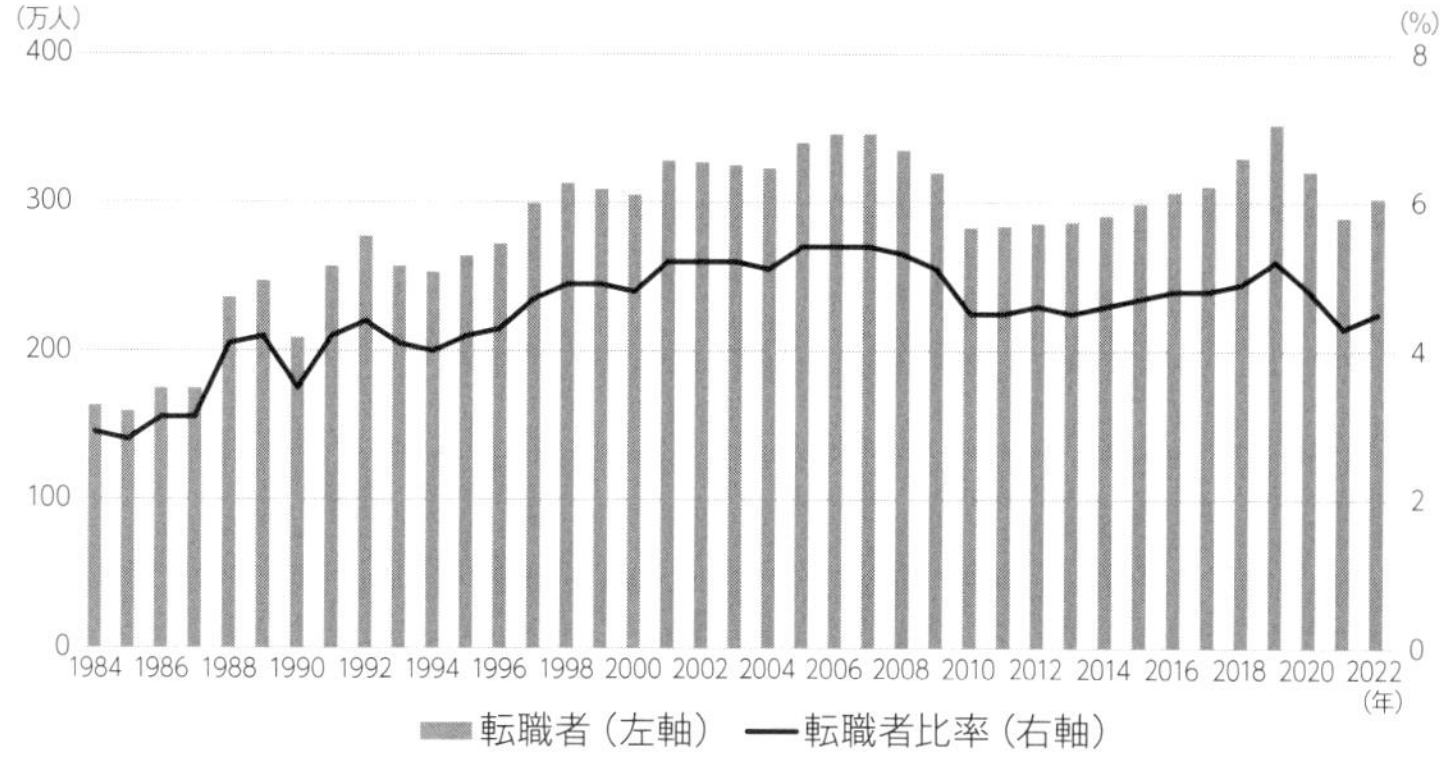

図表2-2　転職者数推移

2002年以降は総務省統計局「労働力調査」の年平均値、
2001年以前は「労働力調査特別調査」の2月の数値を基に筆者作成

就業者に対する転職者数の比率は、おおむね4・5％から5・5％程度の間を推移しています。ここ20年程度で見ると、全体の傾向は横ばいか、むしろやや減少傾向にあります。さらに長期で見ると、総務省統計局のウェブページにある最も古い情報は1984年（昭和59年：「労働力調査特別調査」によるデータ）ですが、その時点では転職者数が163万人、転職者数の比率は2・9％でした。転職者数の比率の推移を見ると、1990年代終盤くらいから現在と同程度の水準（4・5％から5・5％）になっているようです。

総務省の「労働力調査」には、「転職等希望者」のデータもあります。その推移を見ると、やや異なる景色が見えてきます。2023年7月〜9月の平均転職希望者は初めて1000万人を突破していま

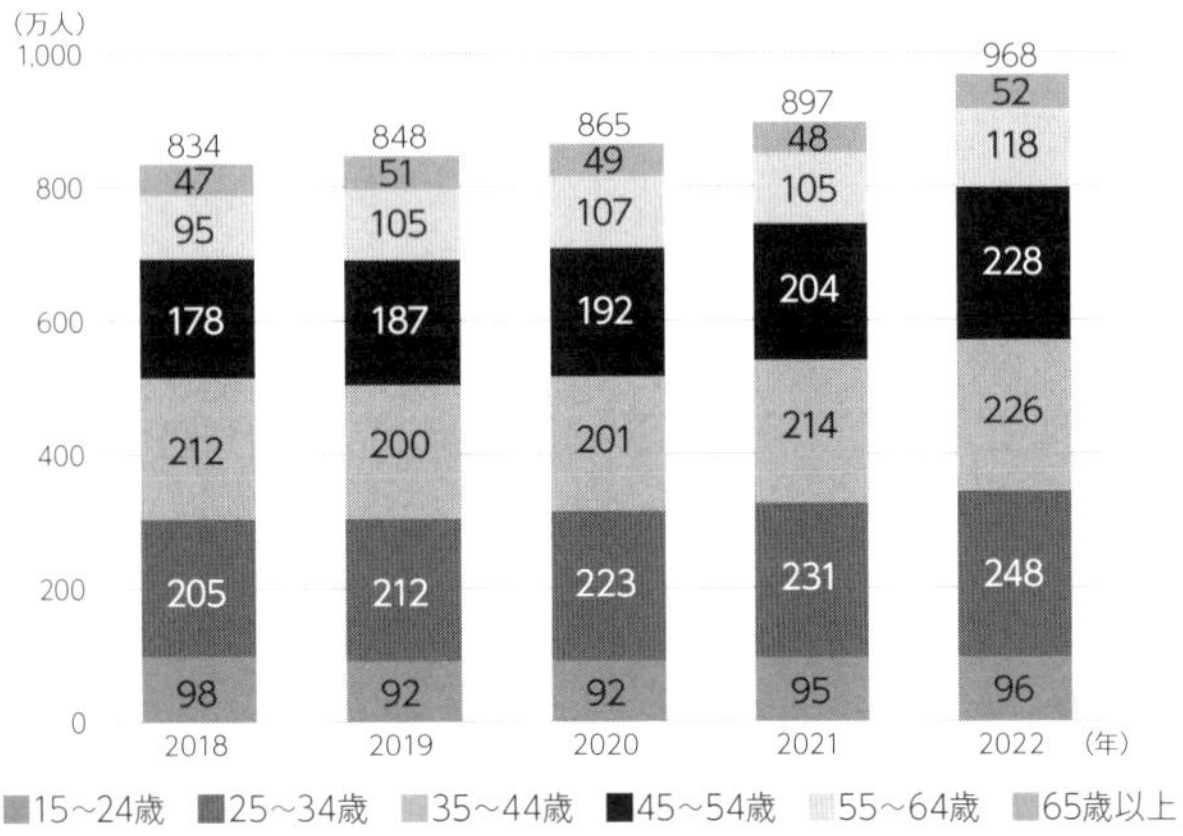

図表2-3　転職等希望者数推移

総務省統計局「令和4年 労働力調査年報」のデータを基に筆者作成

す。年平均値が確定している２０２２年までの転職等希望者数を見ると、２０１８年平均は８３４万人でしたが、２０２２年平均は９６８万人と16％増加しています。さらにこれを年代別で見ると、45歳〜54歳の転職等希望者数が２０１８年の１７８万人から２０２２年の２２８万人へ28％と大幅な増加を見せています（**図表2-3**）。

世代別人口の違いもあるので、その点は割り引いて考えなければなりませんが、転職を希望する「潜在的な転職者数」は確実に増加しています。

充足度：人材不足はもはや解決されることはない

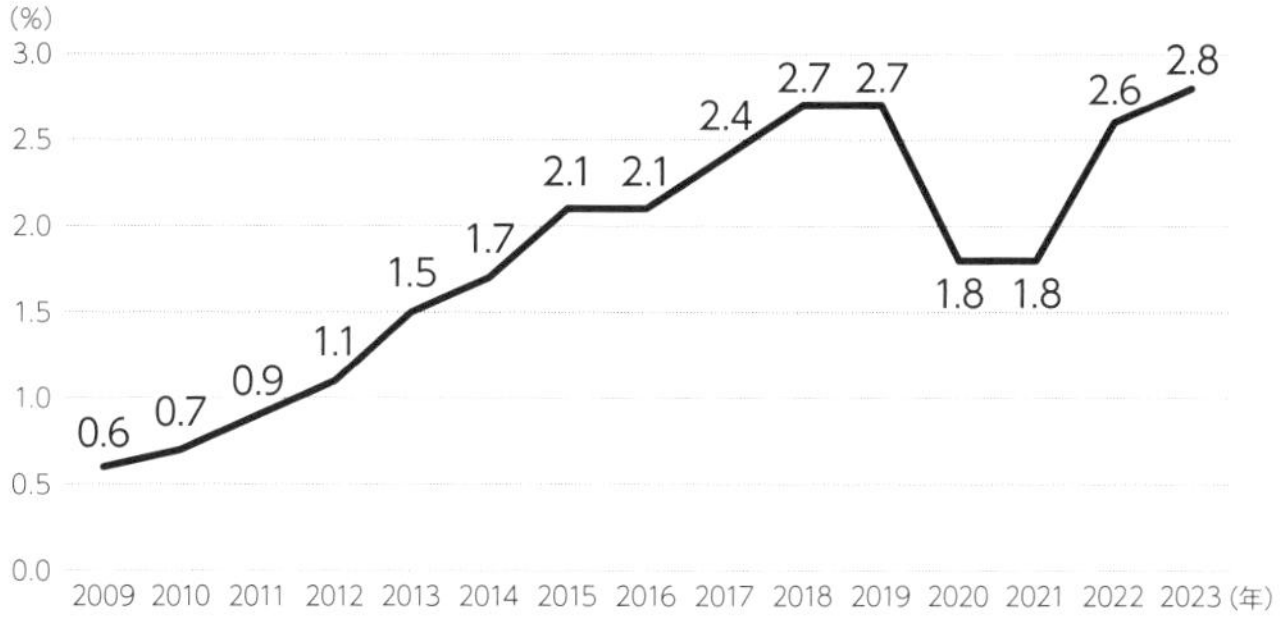

図表2-4　欠員率

厚生労働省「雇用動向調査」各年6月末日現在
(https://www.mhlw.go.jp/toukei/itiran/roudou/koyou/doukou/24-1/dl/gaikyou.pdf)のデータを基に筆者作成

ここまでをまとめると、「人材の総量は減少し、潜在的な流動性は高まっている」となります。

では、現在の企業の求人充足状況はどうでしょうか。厚生労働省の「雇用動向調査」にある「欠員率」を見ると、2020年から2021年はコロナ禍の影響を受けて低下していましたが、それでも2014年以前を上回る水準で推移しました。2022年には既にコロナ禍前の水準まで戻りつつあります(**図表2-4**)。企業側から見て人員確保に苦戦している状況が見て取れます。

人材を取り巻く環境は現状でも厳しいのに、今後はさらに厳しくなります。「人手不足」という問題はもはや解決されることはない――。日本はそういう時代に既に入っていると言えるでしょう。

2-2

トレンド分析 ～転職者のマインドと規模・業界による差異～

「ポジティブな転職」が増えている

前節では量的な側面を見てきました。本節では質の面、特に転職者について解説します。先に結論を書けば、近年の特徴は「ポジティブな転職」が増えていることです。

会社に居続けるのは選択肢の一つ

従来は一つの会社に「居続ける」ことが前提でした。あくまでも「居続ける」ことが既定路線であり、その中で何か問題や不満が生じた場合に「転職」という行動につながっていました。問題や不満というのは労働時間や人間関係、仕事の内容、報酬などです。

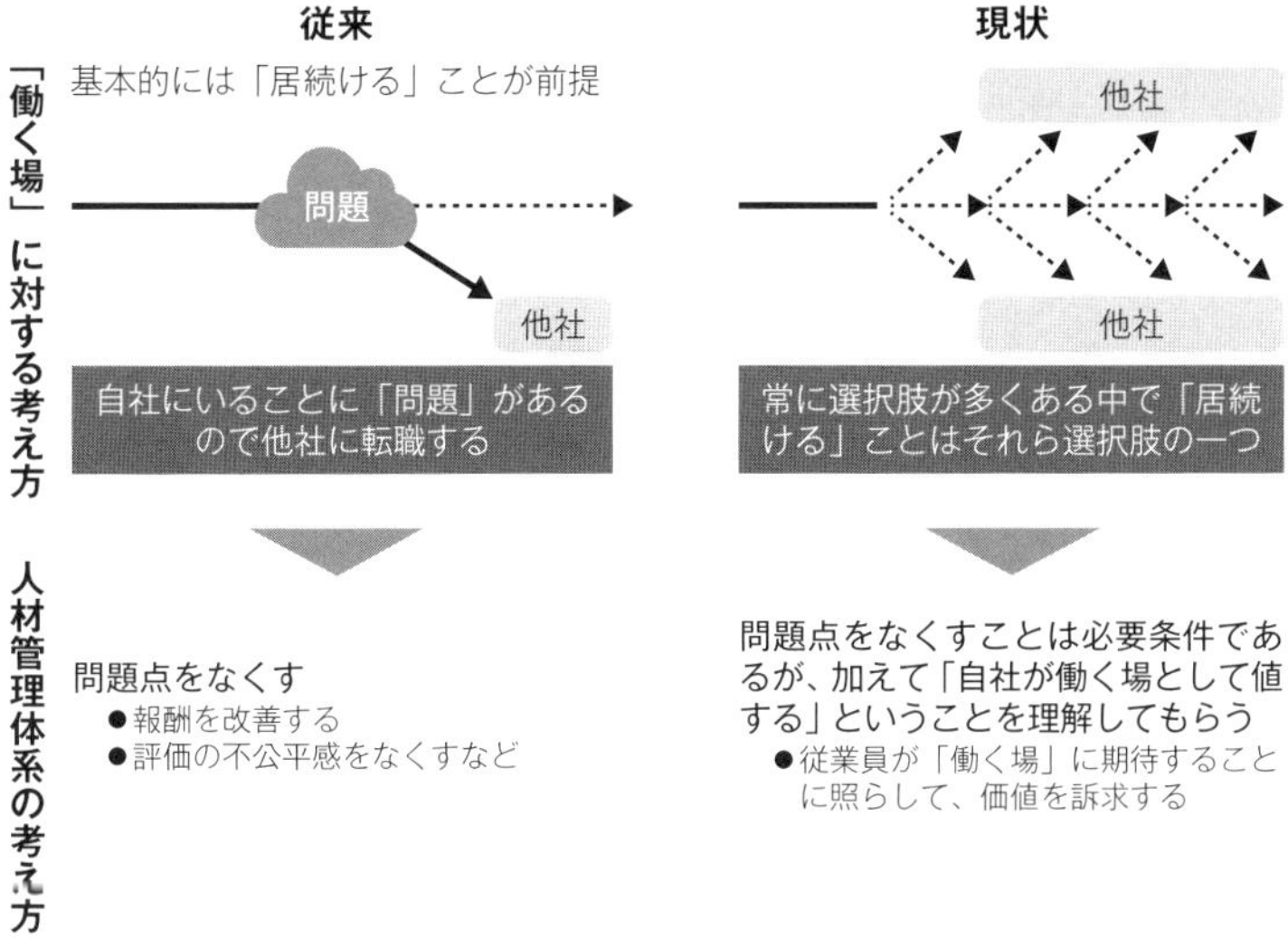
従来
現状
「働く場」に対する考え方
基本的には「居続ける」ことが前提
問題
他社
自社にいることに「問題」があるので他社に転職する
他社
他社
常に選択肢が多くある中で「居続ける」ことはそれら選択肢の一つ
人材管理体系の考え方
問題点をなくす
●報酬を改善する
●評価の不公平感をなくすなど
問題点をなくすことは必要条件であるが、加えて「自社が働く場として値する」ということを理解してもらう
●従業員が「働く場」に期待することに照らして、価値を訴求する

図表2-5　「働く場」に対する考え方の変化

現在も会社生活の中で問題が生じて転職につながるケースは多いのですが、従来と明確な違いがあります。それは、会社生活に問題や不満がなくても、「会社に居続ける」ことは前提ではなく、一つの選択肢に過ぎないということです（図表2-5）。

特に優秀な若手人材は、自身の将来についてかなりしっかりとしたビジョンとその実現に向けた計画を持っている人が多いです。それは自社内でのキャリアに限定せず、「市場」を意識した計画であり、それを踏まえて現在の環境に身を置き続ける意味を考えています。そのため、自身の計画を実現する上で「居続ける」ことの意味を見いだせなくなる、もしくは今より計画の実現につながりやすい環境を見つけたら迷いなく転職する。そのような動きが多くなっていると感じています。

以前であれば、「若手のうちは下積み期間として鍛錬し、一定の年齢に達した後にしかるべき役職に就いて活躍する」——そのような不文律によって会社が成り立っていました。10年後、20年後に会社から活躍の機会が与えられるので、それに向けて備えるようなイメージだったと思います。しかし今はそこまで待ってはくれません。優秀な人ほど「チャンスが来るまで待つ」のではなく、「能動的にチャンスをつかみにいく」という傾向が強い、つまり「ポジティブな転職」を選択するのです。

人事の担当者が「ポジティブな転職」をする人に退職理由を聞くと、「今の仕事や環境には満足しているが、自分の成長のために次のチャレンジをしたい」といった回答が返ってくることが多いそうです。このように考えている人を引き留めるのは難しいです。

コンサルティング業界の風潮が他業界に広がる

筆者が在籍するコンサルティング業界は、以前から「ポジティブな転職」の傾向が強かったです。中長期のキャリアビジョンや「やりたいこと」を見据え、その中の数年間を「鍛錬の場」と位置付けてコンサルティング業界に入ってくるのです。そして、ビジネスパーソンとしての基礎力のようなものを磨き、「やりたいこと」や、それが実現できる機会を見いだすと辞めていきます。そういった人たちを多く見てきましたし、筆者自身も、結果として20年以上にわたってコンサルタントを続けていますが、20代から30代前半の頃を振り返ると、コンサルタントを一生続けていくという気持ちは小さかったです。少なくとも「一生この会社で働く」という意識は全く持っていませんでしたし、実際にコンサルティング業界内で幾度かの転職をしています。

コンサルティング会社の経営側も、従業員の相当数がいずれは辞めていくことを前提としており、むしろ、転職によって「新しいネットワークができた」と考えています。そのため、コンサルティング会社の現場では「明るく辞めていき、それを見送る」ということが日常です。筆者自身、今でも、以前所属した会社の同僚数人に仕事上で協力してもらっています。このような風潮が他業界に広まりつつあるのかもしれません。

人材が確保できないのは特定の規模や業界に限らない

前節で「『人手不足』という問題はもはや解決されることはない」と書きましたが、それは会社の規模や業界などによって異なるのでしょうか。

筆者は仕事柄、様々な規模や業界の企業の方々とお話をする機会が多いです。そうした方々とのお話から判断すると、「量・質の両面で人材を確保できない」というのは、規模や業界を問わず共通の問題になっています。中堅規模の企業の方々などは「大手企業であれば潤沢に人が集まるのだろう」とおっしゃいますが、大手企業も人手が不足しているという状況に変わりありません。

キャリアアップは大手とは限らない

以前であれば、「キャリアアップ」というと規模のより大きい企業、もしくは給料の高い職に移ることを指したと思います。しかし今は大手企業の人材が「キャリアアップ」のために中堅企業やスタートアップ企業で働くことを望んで移る、もしくは、報酬を下げてでも違う職に移る――そのようなケースが多くなっています。人材確保において必ずしも大手企業優位ということはなく、むしろ大手企業が故のネガティブな側面を敬遠してあえて中堅企業やスタートアップ企業を選択するケースが増えています。大手企業のネガティブな側面とは、意思決定に時間を要する、新しい取り組み／チャレンジをする姿勢が弱い、一人ひとりの「守備範囲」が狭い、責任ある立場に就くことができる年齢が高い、などといったことです。

これは転職市場に限らず、新卒採用においても言えることです。知名度が比較的優位に働く新卒採用においても、有名大手企業が計画どおりに人材を確保できない状態が生じています。ちょうどこの原稿を書き始めた頃の日本経済新聞に『売り手市場の来春新卒採用、延長戦』という見出しの記事がありました。その記事では三菱電機などの例が挙げられており、就職情報会社ディスコの調査結果として、「採用計画に対する内定者割合を示す『充足率』が7月時点で55％にとどまり前年同月比４ポイント減」（日本経済新聞２０２３年9月30日朝刊から引用）と書かれていました。

かつては、「大手企業に入社できれば一生安泰」と信じられていましたが、近年はそのようなことは必ずしも言えないということを働き手の側が理解しており、むしろ大手企業が故のネガティブな側面を考えて回避する人が多くなっています。

優秀な人材は情報量に左右されず「不規則に動く」

そうは言ってももちろん、業界による人気の高低や、規模や知名度による有利不利は今でもあります。前述の日本経済新聞の記事によると「規模別でみると従業員数が３００人未満の場合は48％にとどまる。『売り手市場の様相が強まっていて学生が人気企業に集まりやすくなっている』」（日本経済新聞２０２３年9月30日朝刊から引用）と報じています。

ただ、優秀で自分の実力に自信がある人や成長意欲が高い人は、若いうちから裁量を持てるベンチャー企業や、一人ひとりの「守備範囲」が広い中堅企業などを選ぶ傾向が強くなっています。就職や転職に関する情報量は企業の規模や知名度などに左右されますが、必ずしもそれだけで決まるわけではありません。特に優秀な人材は、自分がやりたいことや希望する要件を明確にし、企業に関する様々な情報を集めています。働く場を「吟味」し、自身の考えに沿って動きます。「優秀な人材は不規則に動いている」と言えます。

2-3 人材問題の解決の糸口 ～「人材循環時代」～

前節の最後に「優秀な人材は不規則に動いている」と書きました。これは、置かれている環境に関わらず、個人の考えを優先している結果であり、企業側からすれば「一定程度の退職を織り込まざるを得ない」ということです。一方で、特定の企業規模や業界などに限った話ではないので、裏を返すと、どの企業にも「優秀な人材を採用するチャンスがある」とも言えます。就職や転職をする人、特に優秀な人は働く場を吟味しているので、やり方次第では知名度や規模に関わらず優秀な人材を採用するチャンスがあるのです。

「優秀な人は辞めていくが、採用するチャンスもある」、つまり「人材循環時代」ということです。人材問題の解決の糸口は、ここにあります。

人材の量を確保して質を高めることは、企業として当然取り組まなければならない課題です。ただ、このような取り組みには限界があり、一定数の優秀な人は辞めていくのです。それまで業務をけん引してきた優秀な人材を失うダメージは非常に大きいですが、これは今の時代には不可避なことなのです。

では、どうすればいいのでしょうか。導かれる答えの一つとして、「特定の優秀な人に過度に依存しない仕事の進め方をする」という方針が見えてきます。人材問題を解決するには、この方針を意識した経営に切り替えることが重要だと思います。

このような話をすると、「優秀な人材が辞めないように何とか考えるべきだ」という反論を受けることがあるのですが、環境や前提が変化したのですから、企業はそれに適応すべきで、そうしなければ生き残れないというのは大げさではないと思います。

これまでの日本企業、特に大手企業では「人材は確保できるもの」であり、「長きにわたって従業員はいてくれるもの」という前提を当然のように持ってきました。しかし、ここまで述べてきたように、その前提は既に崩れています。これからは規模や業界に関わらず、「優秀な人は辞めていくが、採用するチャンスもある」時代なのです。

既に自社にいる優秀な人材が（当然、極力引き留めるものの）一定数は辞めていってしまうので、「優秀な人材がいないと業務が成り立たない」という状況に陥らないように先手を打つことが求められます。「人材の量・質に依存する経営から脱却する」という発想を持つことが必要であり、それに即した「人材マネジメント」と「組織マネジメント」の両面に取り組んだ企業だけが、将来にわたって生き残っていけるのです。

第3章

「人材循環時代」の人材マネジメント

3-1 優秀な人材が求める3つのこと

ここまで、人材市場で何が起こっているのか、そして、その変化を受けてどのような考え方で経営をする必要があるのか、という点を中心に述べてきました。第2章の最後に書いたように、現在は「人材循環時代」、つまりは「優秀な人は辞めていくが、採用するチャンスもある」時代であり、そうした時代で生き残っていくには「人材マネジメント」と「組織マネジメント」の両面で考えていく必要があります。

ここからは、どのように取り組むべきなのかを解説します。本章は「人材マネジメント」についてです。優秀な人が辞めていくとはいえ、できるだけとどめる努力はすべきですし、新たに採用するにしても、優秀な人材に選ばれる企業でなければなりません。

そこで、優秀な人材を惹きつけることができる人材マネジメントのキーワードを整理したいと思います。なお、ここからは特に20代から30代の若手・中堅クラスの優秀人材に焦点を当てて話を進めていきます。

筆者はコンサルティングの現場で、組織変革や人材戦略を策定する多くのプロジェクトに携わってきました。そのようなプロジェクトでは「優秀と評される人材は何を重視し、会社をどのように見ているのか」を理解することが重要です。そのために、その会社で「優秀な人」と評される従業員にヒアリングをさせていただく機会が多くあります。そこでの経験を基にすると、優秀な人材が重視していることは、次の３つのキーワードにまとめることができます。

キーワード1「自律的なキャリア形成」
キーワード2「評価や処遇の納得感」
キーワード3「成長機会の存在」

3-2 キーワード1「自律的なキャリア形成」

近年、働き手側から見て「会社」もしくは「仕事」との関係性／距離感が大きく変わってきていると感じています。会社との関係性について言えば、以前であれば会社は絶対的な存在であり、その中でいかに生きていくのか、ということが働き手にとって重要な関心事でした。しかし、近年では働き手にとって会社の存在感はそこまで大きなものではなくなっています。会社で過ごす、もしくは仕事をする時間は生活の中で大きな比重を占めるため、当然、重要な要素の一つでありますが、そこまで過大に捉えないという意識に変化してきています。

従来は社内での「出世」が大きな目標であり、それを実現するために仕事にまい進するという風潮がありました。自社の中で成果を上げて課長になり、部長になり、そして役員へという階段を上る。そのような「出世の道」を重視する価値観を持つ人たちが組織の中の大勢でした。画一的な価値観によって成り立っていたと言えます。

しかし、様々な調査によると、最近では7～8割の人は、少なくとも積極的には「管理職になりたいと思わない」と考えています。従来のような画一的な価値観で捉えることはできなくなっています。

価値観やキャリアの志向は人それぞれになっています。「マネジメント志向の高い人」「専門性を追求したい人」といった志向もありますし、「仕事はほどほどで良いので、プライベートを充実させたい」という考え方を持つ人も増えています。そのような中で優秀な人に共通して言えることは、「会社に依存した人生を送りたくない」「会社の都合に振り回されたくない」「自分のキャリア／人生は自分の意思に基づいて進んでいきたい」と考えているということです。

会社に依存せず、会社の都合に振り回されず、自分の考えに沿った「キャリアパス」を歩みたい。そのようなキャリアパスを歩むために必要なスキル・経験を早い段階から得たいと考えたとき、今働いている場所、もしくはこれから働こうとしている場所は適した環境なのか否か。また、自分の価値観を大切にし、それに沿った「働き方」をしたいが、今働いている場所、働こうとしている場所はそれができるのか——。優秀な人材はこのように「キャリアパス」と「働き方」を重視しているのです。

この2つについて、さらに掘り下げてみましょう。

キャリアパス

まずは、キャリアパスについてです。かつての日本企業ではゼネラリストが中心で、スペシャリストはどちらかといえば「傍流」というイメージが強かったと思います。建前上は「複線型人事制度を導入し、ゼネラリストとスペシャリストのいずれかを選択できるようにする」ことを目的とし、そのような制度を導入した企業も多かったのですが、結局、主流はゼネラリストであったと捉えています。

真のゼネラリストとは

この議論を進める前に、従来の多くの日本企業にいる「ゼネラリスト」は真のゼネラリストなのかについて考えてみましょう。よくあるのは、会社都合の配転に「流される」ようにキャリアが築かれ、社外転用しづらいスキルや経験しか備わっていない人です。このような人を指して「ゼネラリスト」と呼ぶ場合、そこには「何も『軸』がない人」という意味が込められているように感じます。

本来のゼネラリストは、「特定領域に限定せず幅広い領域の知見を備え、それらを組み合わせることで局所的ではなく、大局的な物事の捉え方/解決の仕方ができる人」です。ゼネラリストとしての価値を高めるには、意図をもって経験・知見を広げることが必要です。単に経験量を増やすだけでなく、様々な経験やそれによって得られる知見を「つなぎ合わせる」ということが必要になります。「これからの時代はゼネラリストではダメで、スペシャリストが求められる」といった論調がありますが、様々な経験や知見を「つなぎ合わせる」ことができた真のゼネラリストは企業運営において不可欠です。問題なのは、意思や意図のないキャリア形成です。

漠然としたゼネラリストという道はない

話を優秀な人材が求めるキャリアパスに戻します。自律的なキャリアを歩む上では「軸」を明確にすることが不可欠です。これは一般的に言われる「スペシャリスト」が持つ専門性といったものに限りません。自社内に完結せず、どのような会社でも通用するような能力、そのようなスキルを身に付けることを、優秀な人材は求めています。

これは例えばＩＴなどの特定の技術に関するスキルの場合がありますし、財務や人事といった特定の職種に関わるスキルや経験の場合もあります。また、「マネジメント」のスキルも本来はこの部類に入ります。従来のゼネラリストとスペシャリストの区分において「マネジメント」はゼネラリストの範疇で扱われる場合が多いのですが、マネジメントは本来、それ自体の専門性が求められるもので「マネジメントのスペシャリスト」という道が存在します。「プロ経営者」はその行き着く先です。

加えて、例えば「技術の分かる営業」や「ＩＴの分かる経理」といった、複数領域の専門性を組み合わせて課題解決を図るような人材も必要となります。これもゼネラリストという言葉が持つような浅く広い経験ではなく、「個々の領域でその道一筋の人にはかなわないが、一定の専門性を複数領域で持ち、それらがつなぎ合わさっている」といったような、いわば「専門性の掛け算」というキャリアです。

どこでも通用するスキルを身に付けたい

就職・転職市場では、近年、筆者が在籍するコンサルティング業界の人気が非常に高まっています。筆者自身、自社の採用活動に深く関わっていて、いわゆる「有名企業」「就職人気企業」で高い実績を上げた方からの応募を毎日のように受けています。コンサルタントという仕事は（以前に比べればかなり「ホワイト」になったとはいえ）、心身共に大きな負担がかかる時期もあります。それでも人気がある大きな理由は、「ポータブルなスキルを身に付けられる」ことでしょう。「会社」に依存しない人生を歩むために、どこでも通用するスキルを身に付ける場。そのように捉えられているが故のコンサルタント人気だと感じています。

筆者は採用面接の場などで転職希望者に将来のキャリア志向をお聞きすることがあります。そのとき、「コンサルタントを一生続けたい」と話される方はまれで、「コンサルタントの次」について話をされる方が多いです。「自律的なキャリア形成」をする上で、若手の時期にコンサルティング会社で働くことが有効である、という認識に基づいているように感じています。

これからの企業、もしくはキャリアにおいては漠然としたゼネラリストという道はなく、何らかの「軸」を持つべきです。そして、そこでは個々人の志向と適性に応じてキャリアビジョンを描く、自分が歩む道を自分で選べるようにすることが求められます。単に「従業員側がキャリアビジョンを描く」というだけでなく、「会社側が個々人のキャリアビジョンを踏まえて配置・異動などを考える」ことが不可欠です。従業員が自律的なキャリア形成をするには、会社側も人材マネジメントの考え方を見直すことが必要なのです。

これまでは、会社都合で従業員を配置・転勤させてきましたが、これらが退職につながる大きな要因の一つになっています。これからの人材マネジメントにおいては、本人の意向にある程度即したものにせざるを得ません。これによって会社側にとっては大きな制約が生じますが、優秀な人材を惹きつける上で、この制約を前提として受け入れることが不可欠です。

働き方

次は、働き方について説明します。最近ではパワハラに対する意識が過度に強まり、企業側が過剰反応しているのか、入社した従業員が「物足りない」と感じて退職することが話題になっています。そうした従業員は、「プライベートで制約の少ない若手のうちは将来に向けてバリバリ働き、早いうちに能力を高めたい」と考えているのでしょう。

優先順位はライフステージによっても変わる

一方で、出産や育児、介護などによって自分の中の優先順位が変わることがありますし、専門性を高めるために専門機関で学び直し（リスキリング）をしたい、といった理由などで仕事以外のことを優先させたい時もあります。「ワークライフバランス」を重視するか否かは、個人の価値観だけでなく、その人のライフステージによっても変化します。

これまでは、「仕事を優先するキャリア」なのか、それとも「プライベートを優先するキャリア」なのか。入社時などの一時期に選ばなければならないことが多かったですが、今後は柔軟性を持たせることが必要になります。

基本的に仕事を優先させたいが、介護などの事情で一時期だけプライベートを優先させ、その事情が解消した後はまた元の働き方に戻れる、といったことです。もちろん、ずっと仕事を優先するキャリアを歩んでいた人と全く同じ処遇にするわけにはいかず、プライベートを優先させる時期の分だけ、例えば昇進などに差が付くのは仕方ないことですが、プライベートを優先させる時期を持つことでキャリアを断絶させない。キャリアを「諦める」ことなく、一時期の働き方に柔軟性を持たせる制度を整えることが求められます。

「正社員」という働き方は選択肢の一つになる

これまでの日本企業においては「正社員である」ことが非常に重視されてきました。契約社員や派遣社員はどうしても正社員に比べてやや低く見られがちだったと言えます。

しかし、近年ではそのような働き方に縛られず、あえて正社員以外の働き方を選ぶ人も増えています。正社員の最大のメリットは雇用の安定、言い換えると「将来にわたって安定して『生活の糧』を得られる」ことですが、優秀な人にとって「生活の糧」を得られることはそれほど重要ではありません。優秀な人は企業から引く手あまたなので「生活の糧」はどうにでもなり、重要なのは働く場で「何ができるか」なのです。

そうすると、逆に正社員であることの制約が気になることが出てきます。正社員である限り、他の社員との関係から報酬が制限されることも多いですし、勤務時間や勤務場所についても会社が定めるルールに従うことが必要です。そのような面での自由度を求めるために、あえて正社員以外の働き方を求める人も増えています。

これからは「正社員」という働き方が、選択肢の一つになる。企業側として選択肢を増やす中で、この点も含めて考えることが必要になっています。

選択肢を増やして従業員が選べるという発想へ

「価値観の多様化」が叫ばれて久しいですが、価値観が多様化する中で、「企業側が画一的に人材マネジメントをする」という発想には無理があります。様々な価値観の人に受け入れられるような最大公約数的な仕組みを作ろうとしても、結局、誰にも合わない中途半端なものになってしまいます。そうすると「従業員が選べる」ようにせざるを得ず、企業側ができることは、その「選択肢」を増やすことしかありません。

従業員の価値観の変化や多様化に企業側が合わせるという発想から、選択肢を増やして従業員が選べるという発想へ——このような発想の転換が必要となります。

3-3 キーワード2「評価や処遇の納得感」

優秀な人材にとって、「正当に評価されているのか（能力に対して評価が見合っているのか）」と「処遇は納得できるか（評価に対して処遇が適切か）」は重要なポイントです。この双方が満たされて初めて、「納得感」が生まれます。

合理的であると「感じられる」ことが重要

ＩＴや金融、コンサルタントなど、同業内での転職が多い業界や職種の場合、当然、他社と比較した報酬水準の納得感が求められます。一方で、転職が多くない業界の場合、他社との比較での納得感も一定程度は必要ですが、むしろ、社内比較での納得感が重要となります。

この点は後ほど「報酬体系」の話の中で詳しく述べますが、筆者のコンサルタントとしての経験を踏まえると、競合他社や他業界と比べて報酬水準が低いことは、退職の理由としてあまり多くありません（もちろん、程度によりますが）。それよりも、「評価に対する説明に納得感がない」「高い成果を上げても標準的な成果の同期と大して差が付かない」「大して能力が高くないと感じる先輩の方が年功的な性質によって高い報酬を得ている」――このような不満が退職につながりやすくなります。

また、単純に「報酬が低いからダメ」というわけではないようです。重要なのは「現在の自分自身の評価や処遇について、合理的である／納得感があると『感じられる』」ことです。合理的である／納得感があるとは、真の意味で「公平性」が担保されているということです。「悪しき平等」ではなく、自身が出している成果や果たしている役割が正当に評価され、それに即した処遇を受けている。それを実感できるか否かが重要になります。

不確実な将来の利益より、確実性の高い現在の利益

他社比較よりも社内比較での納得感、ということを述べましたが、一方で、他社と比較した報酬設計の考え方の違いは意識することが必要です。

これまでの日本企業の人事制度は「年功制」を基本にしてきました。若手のうちの処遇が抑えられ、長期的な観点で「回収」を強いられる設計になっているケースが多かったです。随分前から年功的要素の弊害を踏まえ、役割や成果に応じた報酬設計への切り替えを図っている企業が増えていますが、制度設計として年功制を弱めていても、実態として年功的性質が強い人材マネジメントになっている企業が多いです。制度自体を見ると役割や成果に応じる形になっているものの、運用が伴わずに、結果的に従来の考え方に引きずられているというケースです。

特に同業他社や同職種間での転職が頻繁に生じる業界や職種では、年功制は成り立たなくなっています。たとえ自社において「あなたは非常に優秀です。『将来』良いポスト

に就くことで高い報酬が得られるので、それまで頑張ってください」と言われても、他社から「あなたは非常に優秀なので、『今すぐ』良いポストと、それに見合った高い報酬を用意します」というオファーをもらえば、当然それは非常に魅力的な選択肢となります。不確実な将来の利益より、確実性の高い現在の利益の方が価値は高く感じます。企業価値評価におけるＤＣＦ法※の考え方と同じです。そのため、その時、その人に即した処遇を常に意識し、納得感を高めることが不可欠なのです。

※ディスカウント・キャッシュフロー法。企業価値を評価する手法の一つで、評価対象企業が将来に得ると考えられるキャッシュフローを基に現在の価値を測る方法です。

評価や処遇の納得感を高めるには、次の３つの観点で、社内での公平性を担保することが最低限必要です。

- 職種間の公平性
- 職責（階層）間の公平性
- 評価による公平性

ここからは、これらの3つの観点について述べていきます。

担保すべき社内の公平性1「職種間の公平性」

ここで「職種」とは、例えば営業、開発、管理などのことです。職種によって評価や処遇に差を付けるか否かは考え方が大きく分かれるところです。

職種間の違いと報酬の関係

収益を上げているのだから営業部門の方が高い報酬を得て当然といった考え方はありますし、職種はあくまでも役割分担であって、どれが欠けても会社は成り立たないのだから同じ水準であるべきという考え方にも一理あります。

特に、IT部門に代表される、極端に市場価値が高い職種の人材評価や処遇は悩ましいです。これまではどちらかといえば画一的なイメージが強かった企業（例えば金融機関など）でも、特定の専門性を持つ従業員に特別な待遇を用意するというニュースが各種メディアで報じられています。

職種間の評価や報酬はどのように考えればいいでしょうか。職種間で差を付けず同じ報酬水準にしても、市場での報酬水準に基づいて報酬格差を付けても、どちらにしても完全に納得感を得ることは難しいと思います。筆者の考えを次に示します※。

※ 当然、事業特性や会社の風土などにより異なりますので、筆者がクライアント企業に提言する際に異なる提言をすることもあります。

- 基本的に職種が違っても職責や評価が同等であれば同じ水準にする（あまり格差は付けない）
- その中で、一部の極めて成果の高い／専門性の高い人材についてのみ、高い報酬を設定できる仕組みを用意する（どの職種においても適用できるようにする）
- その高い報酬を受け取る人材は有期雇用にする（雇用の安定性を失う）など、一定のトレードオフが生じるようにする

職種が違えば分かり合えない

そもそも、職種間で本当の意味で分かり合うことは不可能である、という割り切りが必要だと筆者は考えています。分かり合うためにコミュニケーションを取る、相互に尊重する、歩み寄る、といったことはもちろん重要ですが、営業と開発と管理では価値観が異なり、それは生まれも育ちも違うようなものです。筆者は、「分かり合っていると思うのは勘違い」というくらいに思っています。

相互に納得できるように格差を付けることは極めて困難な場合がほとんどであり、基本的には同じ水準の報酬にすることが組織としての「最適解」です。その上で、一部の極めて成果の高い／専門性の高い人材の処遇を「別枠」で考えるのです。「職種間で差を付けたい」という要望がある場合、基本的には「一部の人材の処遇を引き上げたい」という意向が働いている場合が多いです。そのため、「別枠」を設けることである程度その意向に応えることができ、多くの場合、現実的な考え方になります。

なお、極めて成果の高い／専門性の高い人材に関する「別枠」については第5章で述べます。

担保すべき社内の公平性2「職責（階層）間の公平性」

「職責（階層）間の公平性」とは、管理職と非管理職の差が中心で、加えてその中での等級／資格に基づく差についての話になります。

「管理職と非管理職」と書きましたが、これはもう少し正確に書くと「管理監督者と非管理監督者」の話と「管理監督者の中でライン長と非ライン長」の話に分けられます。なお、ライン長とは部長や課長などの組織管理責任を負う人、非ライン長は管理監督者であるが組織管理責任を負わない人（部付部長や担当課長といった役職名の人も含めて）を指しています。

「悪しき平等」は優秀な人材の退職を助長している

「管理職になりたくない人が増えている」とよく言われますが、これは正確には「ライン長に就きたくない」ということだと捉えています。多くの企業において、「ライン長に就くと責任が重くなるにもかかわらず報酬はさほど変わらないため、ライン長に就くメリットがない」という認識が広まっています。

ライン長と非ライン長の報酬差を付けないのは「悪しき平等」だと思います。よくあるのは、ライン長に就かない人の報酬を引き下げられないので、結果として、ライン長は責任の割に報酬水準が低くとどまるケースです。こうした会社の若手優秀層は、「自分がライン長になる時期が近い」と感じると、報酬が責任に見合わないライン長に就くことを嫌って他社に移ってしまうことが少なくないといいます。「悪しき平等」が優秀な人材の退職を助長しているのです。

前項(「職種間の公平性」)において、「職種間では報酬差を付けない方が望ましい」と書きましたが、ライン長と非ライン長については明確な報酬差を付けた方がよいと考えています。「個人商店の集まり」ではなく組織として価値を発揮することが必要という前提に立つと、組織を束ね、組織として成果を発揮する人は相応の処遇を得られるようにすべきだと思います。ただし、極めて高い専門性を持った一部の非ライン長は前述のとおり「別枠」で考えるべきです。

担保すべき社内の公平性3「評価による公平性」

「評価による公平性」とは、「評価の高低が報酬に反映される」ということです。「評価」には「能力」「行動」および「成果」という大きく3つの要素があり、「公平に評価されている」こと（評価「の」公平性）が前提となります。

納得感を高める2つの観点

「評価『による』公平性」を考える場合、「成果」による差をいかに付けるのかに終始する場合が多いと思います。「成果主義」といった言葉を取っても、「高い成果を上げた人に高い報酬を支払う」という意味合いで捉えられるケースがほとんどのように思います。確かに、成果がしっかりと報酬に反映されることは必要です。

やってもやらなくても何も変わらないのであれば頑張る気にならない、というのは当然です。これができていないのであれば、それは「優秀な人を惹きつける」以前の話だと思います※。

※「成果によってどの程度の報酬格差を付けるのか」については、難しい議論があります。

納得感を高めるための「評価による公平性」では、次の2つを考えることが必要です。

観点1：「能力」や「行動」の差を処遇に反映させるのか否か

観点2：「能力」「行動」「成果」をどのように報酬につなげるのか

納得感を高める観点1：「能力」や「行動」の差を処遇に反映させるのか否か

まず、「能力」や「行動」の差を処遇に反映させるのか、という点についてですが、これは必ず反映させるべきです。「成果」のみで評価するような制度も取り得ますが、これが適するのは一部の業界のごく一部の職種に限られます。そもそも、「成果」のみで評価できる、正確に言えば半年なり1年間という限定された評価期間の中で把握できる「成果」だけで評価できる業界・職種はかなり限定されます。

開発の仕事などは数年、場合によっては10年を超えるような時間軸で見なければなりませんし、営業の場合も半年や1年という期間で区切った成果だけで評価できる業界ばかりではないと思います。そうすると、どうしても中長期的な「成果」に向けた「取り組み（行動）」を勘案することが必要になります。この場合の「取り組み（行動）」についての評価は、中長期的な「成果」に向けた進捗の実現状況と捉えることもできます。

また、若手は、短期的な行動・成果だけでなく基礎スキルや潜在性を見ることも必要です。管理職層およびそれに準ずる人は、マネジメント能力をしっかりと評価することが求められます。

「組織として成果が上がっていても、それはその組織を率いるリーダー／マネジャーのマネジメント能力の高さを証明するものではない」ということは、あえて言うまでもないと思います。筆者のいるコンサルティング業界で多く目にするのは、見た目の成果は上がっているが、組織がどんどん疲弊していくケースです。このような点を踏まえても、「能力」や「行動」は必ず評価の中に組み入れることが不可欠です。

納得感を高める観点2：「能力」「行動」「成果」をどのように報酬につなげるのか

次に、「能力」「行動」「成果」をどのように報酬につなげるのかについて説明します。筆者は、「能力」や「行動」は昇級昇格や役職（ライン長）への登用といった処遇を通じて主に基本給（固定給）に反映させ、「成果」は賞与などの単発的な報酬につなげる形が望ましいと考えています。

「成果」は確かに分かりやすいですし、一見すると非常に公平性が高いようにも感じられます。しかし、成果が上がっているといっても、しっかりとした取り組みの結果として成果につながっている場合があれば、「ラッキーパンチ」のような形でたまたま成果が上がっている場合もあります。「運も実力のうち」だとしても、例えば「営業成績（獲得収益など）」で成果を測る場合、所属する部門の事業特性による違い、担当する地域の差、引き継いだ顧客の質など様々な要素が影響します。

「成果」によって測ることは、実は納得感を持たせることが非常に難しいものです。とはいえ、成果の高低を全く反映させないことも非現実的です。そこで「成果」については、次のような形にすることが望ましいと考えます。

- 部門や地域など、「細かく見れば違うけど、だいたい同じような感じ」という同質性について、一定程度の同意を得られる単位ごとに相対的に評価する
- その結果を1回の賞与に反映させ、その後に影響させない

一方で「能力」や「行動」についてはしっかりと見て評価し、昇級昇格や役職登用を決める、つまり基本給の判断材料とするのです。ここについては「若手層の昇級昇格」と「マネジメント層の役職登用」という2点を考えることが必要です。ただし、「成果」を全

く基本給に反映させないというのではなく、役職登用においては一定程度反映させる必要もあります。

若手層の昇級昇格

まず、若手層については、この後に説明する「成長機会」でさらに触れますが、能力が高く、しっかりと行動が伴っている人材については、他者と差を付けて早くに昇級や昇格をさせるべきです（早期選抜）。「下積み」の重要性も理解できますが、既に述べたように「あなたは非常に優秀です。『将来』良いポストに就いて高い報酬が得られるので、それまで頑張ってください」は通じない時代になっています。

場合によっては「飛び級」でもよいと思います。筆者の経験では、このような仕組みは本人にとって良い効果を与えるだけでなく、周囲に対しても同様に良い効果を与えます。

マネジメント層の役職登用

マネジメント層については、「能力や行動の評価を役職登用の『十分条件』とする」こと

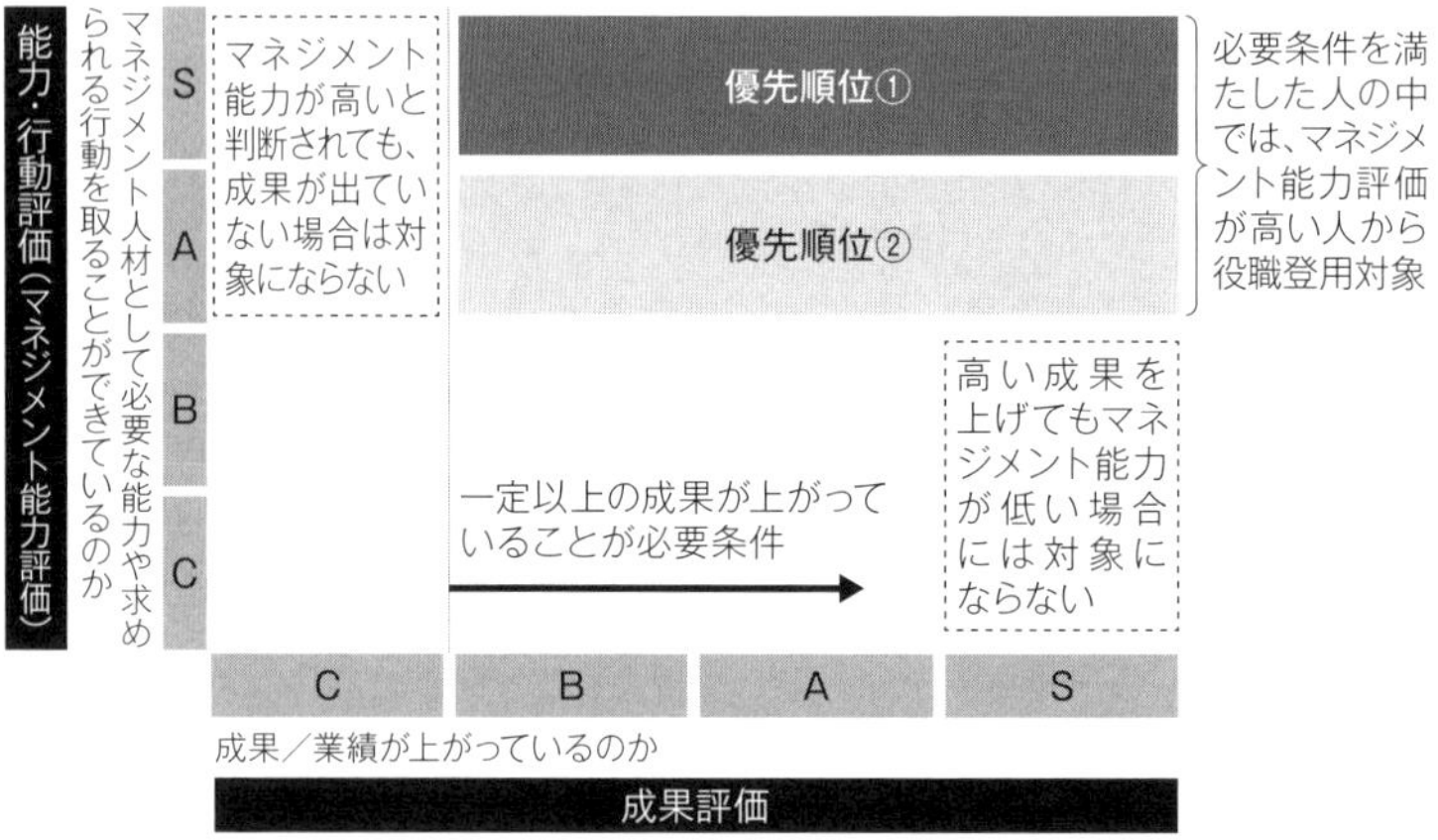

図表3-1 「能力・行動評価」と「成果評価」の考え方

が必要と感じています。役職登用において、成果が重視されるが故にマネジメント適性がない人材がライン長に就き、結果として組織運営に大きな問題を抱えている企業が少なくありません。特にマネジメント層の役職登用においては、能力や行動に対する評価をしっかりと踏まえた上での判断が必要です。

とはいえ、能力や行動の評価が高くても、成果が上がっていない人を登用するのは現実的ではありません。そもそも、能力や行動の評価が高いのに成果が上がっていないとすると、その能力や行動の評価の妥当性が疑われます。そのため、一定以上の成果を上げる（成果評価で一定以上のスコアを得る）ことを必要条件とした上で、その後は能力・行動評価の結果によって判断するという考え方が望ましいです（図表3―1）。

評価者の意識改革と能力向上が不可欠

評価の納得感を高めるには、ここまで述べてきたような取り組みに加えて、評価者の能力向上が不可欠です。どのような制度にしても、また、どのように成果を捉えたとしても、評価者の意識と能力が不十分な状態では納得感のある評価は不可能です。

この点については、制度を丁寧に説明したり、評価者研修などを実施したりすることも必要ですが、それらだけでは実現できず、前提として意識改革が不可欠です。（一部の高い意識を持った人以外にとって）評価は「面倒臭いこと」なので、「評価の意義」を繰り返し伝えるほか、人事部門が中心となって、評価プロセスにおいて「手を抜いている評価者はいないか」を細かく見続けるしかありません。

「しっかりと評価してもらった人」は、自分がポストに付いて評価する側になった場合、部下をしっかり評価するようになります。「評価をしっかり実施する」という風土を根付かせるには、地道に取り組むしかないです。

納得感を高める難しさ

能力や行動、特に能力評価「の」公平性に関して、納得感を高めるのは難しいです。結局、能力評価の納得感を高めることができないので、成果によって判断している（「成果が高いということは、能力も高いであろう」という推定による判断）という側面もあると思います。さらに言えば、個人成果を見ようとしても成果自体がよく分からないので、年功的に考えている場合が多いと思います。この点については改めて第5章で述べたいと思います。

3-4 キーワード3「成長機会の存在」

筆者は社会人になって四半世紀を超えますが、筆者自身が新入社員の頃と比べて最近の若手は仕事も勉強もよくしていると感じています（「おまえの時代も優秀な人はしっかりとやっていたのだ！」と言われると、反論の余地がないのですが……）。ネガティブな意味を込めて「ゆとり世代」と表現されることがありますが、そのような世代にいる優秀な人は危機感を持っているからなのか、自分自身で成長の場を作っているように思います。

「早い段階から機会を提供できる」制度が必要

大学生の頃から明確な意思に基づいて将来に向けて取り組み、社会人になっても手綱を緩めずにまい進する――このような意識を持った人は、働く場を選ぶ際、「この職場は自分自身の成長につながるのかどうか」をかなりシビアに見ています。「成長機会」をとても重視しているのです。筆者が採用活動において様々な形で若手候補者とお会いしているとき、最も感じるのは、「この『場』は自分の成長につながるのか」を見極めようとする若手候補者の強い姿勢です。採用活動を「会社が働き手を選ぶプロセス」と捉えている人もいまだに少なくありませんが、特に優秀な人材について言えば、「働き手が会社を選ぶプロセス」という性質の方が強いです。優秀な人材は非常にシビアに会社を見極めていますが、その中でもこの「成長機会」という点が非常に重視されています。

人が成長するのに「経験」は欠かせません。これを企業側の観点から言えば、「早い段階で機会を提供する」ということです。育成の仕組みなど、他にもいろいろと必要なことはありますが、最終的に機会を提供しなければ「経験」にならないと思います。成長スピードは人それぞれですし、ストレッチした役割や目標を担った方がよい人もいれば、あまりストレッチさせない方がよい人もいます。どのタイミングでどの程度の機会を提供するのかは個別判断になりますが、少なくとも制度として「機会を提供できる」形にしておくことは不可欠です。機会を提供できる形になっていないが故に、成長スピードに合わなくなってしまい、結果として退職につながっているケースは多いと感じます。

早い段階から機会を提供するには「飛び級」を含めて早くに昇級昇格できる仕組みを作ることが必要です。ただその前に、そもそもの考え方として、これまでとは大きく2つの点で考え方を見直す必要があります。それは「早期選抜（登用）の実施」と「年齢に限定されない『ポストオフ（ポストから外れる）』運用の徹底」です。

早期選抜（登用）の実施

日本企業は30代後半から40代くらいに達するまで、あまりポストや処遇に差を付けない会社が多いです。これは、メンバーシップ型という性質もあり、選抜のタイミングを遅くすることで退職を抑止するという背景があると言われています。しかし、このような考え方は「早い段階から機会を提供できるようにする」ということに対して大きな障壁となります。早急に変えなければなりません。

ほとんどの人は従来のように一定年次まではは横並びでいいのですが、一部の「極めて優秀な人」が「特急コース」のように駆け上がれる仕組みを作り、象徴的な意味合いも含めて早期登用することが求められます。このような仕組みは人事制度などで明示する必然性はありませんが、少なくとも経営層と人事部門の間では共通認識として持っておくことが必要です。そして、昇級昇格や役職登用、プロジェクトでの配置などで具体的な形として示し、明言はされていないが、「あの人は『特急コース』に乗っている」と分かるようにするのです。

早期登用で悩ましいのは、「マネジメント」という仕事は経験値によってパフォーマンスが左右されることです。ポテンシャルがいくら高くても経験値が不足している限りパフォーマンスが高まらず、パフォーマンスを高めるにはその立場を経験するしかないというジレンマがあります。未経験の人をマネジメントに登用すると、短期的には組織としてのパフォーマンスは低下するのですが、企業としての強さを持続させるには、一定の強制力をもって代謝を促すことが必要です。

年齢に限定されない「ポストオフ」運用の徹底

「特急コース」を実現するには若手であっても重要なポストを用意しなければなりません。そこで問題になるのが「ポストを空ける」ことです。そのためには、「ポストから外れる」人も出てくるでしょう。「ポストオフ」を当たり前にすることが必要です。なお、「ポストオフ」は「役職定年制」のことを指すケースも多いですが、本書ではそれに限定せず、成果や行動の優劣など様々な要因によって判断された結果として「ポストから外れる」ものを含めた広義な意味で用います。

ポストオフはネガティブな印象が強いので、簡単には進みません。現在そのポストに就いている人の能力が不可（＝十分な能力がない）であれば外しても問題は起きないかもしれませんが、「可もなく不可もなく」程度だとそうはいきません。そうした問題を回避するために「ポストを増やす」こともありますが、企業の成長スピードが鈍化しているのに新たなポストを用意すると別の問題を起こしてしまいます。

早期登用をするには、ポストオフをしっかりと運用することが不可欠です。その一つが「役職定年のルール化」です。シニア人材の活用という観点も踏まえた上で、役職定年の是非は個々の企業で議論すべきですが、筆者は、「役職定年制は導入し、例外適用条件を明確にする」のがよいと考えています。

役職定年制の是非については2つの考え方ができます。若手に新たな機会を提供するために必要という考え方もできますが、一方で、「シニア人材の活用」も人材に関する大きな論点となっており、能力のある人材であれば年齢にとらわれず活用すべきという考え方もできます。確かに「年齢に関わらず、優秀な人材を処遇する」というのであれば、「若いから登用できない」というのも理にかなわないですが、「歳をとっているからポストから外す」というのもおかしいです。

しかし、既に述べたとおり、「マネジメント」という仕事は経験値によってパフォーマンスが左右されます。パフォーマンスを高めるためには経験を積ませることが必要です。サクセッションプラン※の観点から考えると、例えば55歳で本部長を担ってもらいたい人には、そこから逆算して例えば45歳で部長、35歳までには課長に就いてもらいたい、といった「関門」のようなものが出来上がります。ポストの過不足感にもよるのですが、このような「関門」を所定の年齢で通過する人を一定数確保するためには、ある程度強制力を持たせてポストオフさせることが必要な場合が多いです。

※後継者育成計画のこと。組織において、重要なポジションの後継者を見極め、配置、育成することを指します。

なお、日本企業に必要なのは、「ポストに就かない」という働き方を一つのポジティブな選択肢に変えていくことだと捉えています。これは人材マネジメントだけでなく、組織設計や風土形成などの様々な取り組みが必要となります。この点については改めて第8章（日本における人材マネジメントの将来像）で述べたいと思います。

3-5 経営戦略レイヤーのキーワード「会社の将来性」

ここまで、優秀な人材を惹きつけるキーワードとして、「自律的なキャリア形成」「評価や処遇の納得感」「成長機会の存在」の3つを紹介しました。実は、優秀な人材が注目するキーワードはもう一つあります。それは「会社の将来性」です。これは経営戦略の話になり、人材マネジメントで取り扱う話題ではありませんが、優秀な人材が重視するキーワードとして、ここで説明します。

会社の未来について、経営層の考えを従業員にしっかり伝える

キャリアを考える上で、今働いている会社の将来性は当然意識するポイントです。もちろん自社を含めた市場の成長性や、競合他社に対する自社の競争力などは見ています

が、それ以上に優秀な人材が注視しているのは、そのような市場／競争環境を踏まえて「経営層が何を考えているのか」です。

正確に言えば、「経営層が何を考えている『ように見える』のか」です。もちろん、会社の経営を担っている方は市場の先行きがどうなるのか、自社はどのような状況に置かれているのか、それらを受けて何をしなければならないのかなど、しっかりと考えているはずです。

一方で、「それらをしっかりと従業員に説明できているのか」といえば、かなり疑問符が付くケースも多いと思います。筆者はコンサルタントという立場上、経営層の方だけでなく従業員の方とも深く話をする機会が多くあります。その中で感じるのは、経営層（もしくは管理職層）の方と従業員（非管理職層）の方の認識に差があることです。従業員が「会社の将来性」について感じる不満や不安、そしてそれに伴って生じる問題の多くは、そうした「認識の差」によって引き起こされています。

経営層としては伝えているつもりでも、それがしっかりと伝わっておらず、受け手側は非常にもやもやとしている場面に多く出くわします。最近は、人材問題に対応するための取り組みの一つとして「パーパス」を制定する動きがあります。これ自体は良いのですが、パーパスを立てて満足をしているケースも多くあります。そうならないように、より具体的に、「市場や競合に対する見立てはどうなっているのか」「自社の課題は何で、優先順位をどのように考えているのか」「具体的にどのような取り組みによってそれらの課題を解決するのか」――これらの点をしっかりと言語化し、従業員に示すことが必要です。

第4章

人事制度の考え方

4-1 「人事制度改定」という作業の性質

人事制度（および人材関連の諸施策）の検討を進めていくと、様々な問題に直面します。また、その時には問題だと捉えていなくても、出来上がった人事制度を見て、もしくは運用を始めてから「当初の意図と合わないものになってしまった」ということが多く生じます。これらはなぜ起こるのかというと、「人事制度改定」という作業には次のような性質があり、それらが理由となって「迷走」しやすいからです。

①明確な「答え」（正解）がなく、価値観によらざるを得ない部分が多い
②制度改定には「副作用」が生じるが、事前に予測しづらい
③検討主体となる人事部門の担当者自身が「当事者」となって改定による影響を受ける

この中で特に厄介なのは①です。議論をしている中で様々な意見が出され、どの意見も「一理ある」と思えることから、何を基準に判断してよいのか分からなくなるのです。

②は、人事制度改定に対する経験の少なさに起因します。経験が少ないため、「このように制度を改定すると何が起こるのか」といった予測ができないのです。筆者のようなコンサルタントは、多くの企業で「制度改定後」を見ていますので、どういった施策を打つとどのような「副作用」が生じるのかについてある程度想定できます。しかし、コンサルティング業界以外の会社でキャリアすべてを人事部門で過ごしたとしても、人事制度を全面的に改定する経験はどれだけ多くても10回に満たないはずです。結果として、経験の少なさから②の問題が生じてしまうのです。

③については、少し厳しい制度改定をしようとした場合、それは当然人事部門の人にも適用されます。制度改定に関わっていない事業部門の人よりも、その改定の狙いや生じる影響をしっかりと理解できる分、それに伴うリスクなども余計に強く感じることになります。これによって、人事制度改定の内容が「腰砕け」になることがあります。

4-2 人事制度改定を進める上で押さえるべき5つのポイント

ここまで説明した人材制度改定の性質を踏まえ、制度改定をうまく進めるための5つのポイントを順に説明します。

ポイント①：「人材基本方針」を最初に固める

人材問題に対応するための取り組みは最終的に、雇用区分体系、等級体系、報酬体系、評価体系といった人事制度や、その他の諸施策といった形で具体的な形に落とし込まれます。最終的な人事制度や様々な施策は、既存制度から移行する際に生じる様々な制約への対応や、法規制への適応などを考慮して作り込まれた結果です。様々な事情を考慮し、いろいろな人の価値観に基づいて侃々諤々《かんかんがくがく》と議論するため、個々の施策が当初の意図から乖離《かいり》しやすくなります。また、報酬や評価などの個別制度の議論に没頭すると、局所的な個別最適解に行き着きがちで、結果として全体としての整合性が取れておらず、課題解決につながらない、といったことが起きやすいのです。

そこで重要になるのが「人材基本方針」を最初に明確にしておくことです。人材基本方針とは人事制度改定などの前提として、自社の人材に対する考え方を端的に示すものです。これについて経営トップを含めてしっかりと議論して共通認識を持っておきます。そして大事なことは「言語化」しておくことです。そうすることによって、検討過程において当初の狙いからずれないようになるほか、従業員に対して経営層や人事部門側の意図／人事制度などの考え方を端的に示せるという効果があります。

筆者がご支援する場合には、人材基本方針は大きく「人材要件」と「人材マネジメント方針」の2つで構成する場合が多いです。

人材要件

人材要件とは、「会社から従業員に対する期待」を示すものです。つまり「こういう人材が欲しい」「こういう人材になってほしい」と明示するのです。スキルや知識、経験だけでなく、意識や行動原理も含めて考えます。それらは、ミッション・ビジョン・バリューの「バリュー」に近くなります。

人材要件の策定は、言うなれば「何をもって優秀な人材と評するのか」を決める作業です。これは後ほど示す「等級制度」につながりますし、そのような人材の確保／惹きつけのためにどのような制度が必要になるのかという検討にもつながります。

人材マネジメント方針

人材マネジメント方針とは、「会社から従業員に対するコミットメント」です。第3章で示した優秀な人材を惹きつける3つのキーワードなどを基に、次のようなことを端的に示します。

● 自社の人材に関する様々な施策の前提となる考え方は何なのか／何を重視するのか
● 従業員（特に会社として価値を認めた「優秀な人材」）から見て、自社に属することによってどのようなメリットを享受できるのか

この中には、例えば成果主義の色合いを強める代わりに処遇の変動を許容するのか、それとも、安定性を重視するのか、といったことなども含まれます。

人材要件と人材マネジメント方針によって構成される人材基本方針は、その後の具体的な人事制度設計において軸になります。そのため、しっかりと言語化し、まずは人事制度検討チーム内で共通認識を醸成します。

また、策定した人材基本方針を人事制度導入時などに従業員に示せば、会社が何を求めているのか、自社に属することで何が得られるのかを従業員は明確に理解できるはずです。筆者が支援しているクライアント企業では、投資家などに向けた「統合報告書」に明示しています。こうすることで、会社として人材に対する考え方がぶれないようにし

ているのです。

ポイント②：誰を重視するのかを決めておく

人事制度を検討する前提として、「誰を重視するのか」を決めておくことが重要です。どの会社においても、従業員は「優秀な20％」「標準的な60％」、そして「問題があると見なされる20％」に大きく分かれると思います※。「問題があると見なされる20％」を重視することはないと思いますが、「優秀な20％」と「標準的な60％」のどちらを重視するのかについては、前もって議論しておいた方がよいです。

※ これは「パレートの法則（2：8の法則）」や「働きアリの法則（2：6：2の法則）」などと呼ばれるものです。

なぜこの議論が必要かと言うと、人事制度は多くの場面でトレードオフが生じるからです。「優秀な20％」に喜ばれる制度は「標準的な60％」からは否定的に捉えられ、「標準的な60％」が満足する制度は「優秀な20％」には物足りなく感じるケースが多いからです。どちらに焦点を当てた人材マネジメントを実施するのかをはっきりとさせることが必要です。

「優秀な20％」と「標準的な60％」の間に一定程度の差を付けることは少なからず必要ですが、どの程度の差を付けるのかには様々な考え方があります。「『優秀な20％』を重視する」というのは、「『優秀な20％』に辞められないような報酬を用意する」ということであり、配分できる原資を一定とすると、それは「『標準的な60％』はほどほどに抑える」ということになります。逆に「『標準的な60％』を重視する」というのであれば、「『優秀な20％』についても多少なりとも差を付けるが、あまり大きな差は付けず、それが理由で辞められてしまっても仕方ない」という考え方になります。

この議論をすると「『優秀な20％』を重視して当然」という反応を示す人が多いのですが、筆者は「『標準的な60％』を重視する制度にすべきケースが多い」と考えています。もちろん、「優秀な20％を捨てる」という施策を採るわけではありません。

ただ、トレードオフが生じる場合には、「標準的な60％」にメリットのある制度を選択する方が、多くの企業にとっては望ましいと考えます。理由はいくつかあります。

まず、「優秀な20％」がいると非常にありがたいのは間違いないのですが、多くの企業では成果にそれほど大差が生じないからです。また、報酬差を大きく付けようとすると、成果と報酬を連動させる場合が多いですが、成果に対して個人の貢献度合いを精緻に測るのは難しい場合が多いため、あまり過度に報酬差を付けると不満が生まれやすくなります。以前から差が付きやすい制度を導入し、それが当然という風土の会社であれば問題ないですし、個人の力量による成果の差が大きい職種の場合などは「優秀な20％」を重視することが必要ですが、それは一部の業界の一部の職種にとどまると思います。

なお、「優秀な20％」は、その中で「相対的に上位の5％（『極めて優秀な5％』）」と「相対的に下位の15％（『比較的優秀な15％』）」に分けて考えることが望ましいです。「比較的優秀な15％」については「辞められてしまっても仕方ない」という考え方はありますが、「極めて優秀な5％」については「別枠」を設けてでも優遇する仕掛けを入れた方がよいです。この点については第5章で説明します。

正解がない議論

「誰を重視するのか」についても、その前に説明した「人材基本方針」についても、社内で議論していると考えが分かれるケースが多いです。経営層や管理職層などマネジメントレベルの方々、そして人事部門の方々は「人材」について一家言あると思います。また、本書の冒頭に書いたように人事制度に正解はありません。そのため、最後は神学論争に陥ってしまいがちです。いろいろと意見をぶつけ合うことはプロセスとして重要ですが、最後は経営ビジョンや会社の歴史・風土なども踏まえて、経営トップが決断するしかありません。

ちなみに、筆者がクライアント企業を支援する際、人材基本方針の検討について、「みんな考えていることはだいたい同じなので、ここに時間をかけずに制度改定作業を進めて短期間（≒安いコスト）でお願いします」とリクエストされることが多いのですが、最終的には「人材基本方針」を言語化したことに対して感謝を頂く場合が多いです。

ポイント③：誰が「優秀」なのかをしっかりと捉える

ポイント②は「優秀」な人と「標準的」な人のどちらを重視するのか、という話でしたが、そもそも誰を「優秀」と捉えるのか。この「『優秀』の基準」をアップデートすることは、人事制度改定の前提として非常に重要です。

多くの会社で「誰が優秀か？」と聞けば、共通した答えが得られる場合が多いのですが、そのように「優秀」と捉えられている人が、必ずしも自社の現状に照らして本当に「優秀な人」（＝自社にとって価値が大きい人）であるとは限らないです。

「優秀」の基準は時代や自社の成長ステージによって変わる

これは、そもそも「優秀」という判断軸が、「従来」の自社の評価基準や価値観であることが要因です。確かにその人はある時期、ある側面で見れば優秀であったことでしょう。しかし、前提となる評価基準や価値観が環境変化にそぐわなくなってしまったり、そもそも評価制度が適切に運用されていなかったりといった理由により、「優秀」と評される人が実は「時代遅れ」であったり、求められる要素と違っている場合が多くあります。

よくあるのは、「かつては減点要素がないことが求められたが、今はむしろリスクを恐れずに臨む姿勢が必要」と言われているにもかかわらず、こうしたことが必ずしも評価制度に反映されていないケースです。また、急激な成長を遂げている時期と、その時期を過ぎて安定的な成長に移った後でも、求められる要素は大きく変わります。事業環境や成長ステージによって「優秀」の基準は変わるため、そのアップデートは不可欠です。

名手名将にあらず

加えて、「プレイヤーとしての優秀さ」と「マネジャーとしての優秀さ」を区別せずに取り扱っているため、「確かにプレイヤーとして（＝プレイヤーだった時に）は優秀だったが、マネジャーとして見ると決して優秀とは言えない」ということは多くの企業で起きていることです。「名手名将にあらず」という言葉はよく使われますが、まさにそのとおりで、プレイヤーで非常に高い評価を得ていた人がマネジメントの仕事に就いた後、いろいろな問題が起きるケースは珍しくありません。

プレイヤーとしての能力は高いが、マネジャーとしての能力に欠けている人は少なくありません。こういった方は「プレイヤーとしての優秀さ」をしっかりと評価し、それに基づく処遇を考えるべきです。重要なのは、「プレイヤーとしての優秀さ」と「マネジャーとしての優秀さ」を混同せず、明確に切り分けて考えることです。それぞれに応じた処遇を考えることが必要なのです※。

※この問題には多くの方が気付いていますが、組織風土として根付いているために、プレイヤーとして優秀だったという理由でマネジメント人材に登用するという制度を変えづらい、ということが多いようです。

自社にとっての「優秀」を定義する

これまで述べた理由から、人材制度の検討を進める上で「自社にとってどのような人が優秀なのか」を改めて考えることが必要です。自社が置かれた環境や人材構成、組織風土、事業特性、成長ステージなど、人材に対して求められる要件に影響する要素は多くあり、かつ、それらは近年特に急速に変化しています。それらに応じて「優秀」のモノサシを作り直す必要があります。

その中で、特に次の2点を改めて考えるのです。

- 自社にとって「優秀な人」（＝価値が大きい人）はどのような人なのか
- 経営層、管理職層、担当者層などの階層ごとに見て、具体的にどのようなスキルや知識を持っていて、どのような行動を取れる人なのか

前述の人材基本方針の中の「人材要件」の検討を起点とし、最終的には等級制度の中の等級要件や評価制度などに落とし込みます。人事制度とは、「自社内の『優秀』の軸に照らしてその人はどうなのか（評価）、その結果としてどう処遇するのか（等級・報酬）」を決める仕組みです。自社にとって「優秀」な人の判断基準を明確にすることは、検討のスタート地点になります。

なお、「優秀」の定義は一つに絞る必要はありません。「こういった人材か、こういった人材」といった形で、いくつかの優秀さの「類型」を作ってもよいですし、むしろそのような発想が必要になります。

ポイント④：「誰もが納得／満足できる人事制度にはならない」と割り切る

人事制度に「正解」はないので、人事制度の検討では「割り切り」が必要になります。この点をしっかりと理解した上で臨まないと、どこまでいっても抜け出せない「沼」のようなものに落ちることになります。

必要となる割り切りは次の3点です。

- どのような制度にしても別の問題（反作用）が生じる
- 誰もが納得／満足する制度を構築することはできない
- 人事制度の寿命は最長10年

必要な割り切り1：どのような制度にしても別の問題（反作用）が生じる

一つの論点として、評価において「組織」を重視するのか、「個人」を重視するのかがあります。

例えば、「個人業績を重視した評価制度なので『個人商店』という性質が強く、連携や育成などの意識が高まらない」という企業を多く見てきました。成果のほとんどすべてが「業績＝数字」で決まっており、しかもその業績はあくまでも「個人」の数字になっているようなケースです。そのような制度になっていると、「組織」を意識した行動を促すことは非常に難しいですが、そのような制度であるが故に、担当者一人ひとりに自身の業績（数字）に対する強いこだわりが生まれ、結果として「稼ぐ力」が強まっている側面があります。

「組織」と「個人」のバランスが取れた上で、多少「個人」を重視する色合いが強いといった程度であればよいのですが、時間の経過とともに行き過ぎた「個人」重視のカルチャーになると弊害が目立つようになります。そのような問題意識に基づいて「組織」重視にかじを切り、組織業績や連携／育成などの取り組みを重視した評価制度に切り替えると、今度はそれまで強みだった業績に対するこだわりが薄れ、結果として「稼ぐ力」が弱まるといった「反作用」が生じます。

人事制度は従業員の行動を誘導するものですし、そうでなければなりません。経営トップが方向性を示した後、評価やそれに基づく処遇を通じて、個々の従業員の行動を変えていくものです。それによって大きな組織が一つとなり、同じ方向に向かって動く――これが人事制度の大きな目的です。

人事制度を見直すことで「反作用」も生じます。仮に反作用が生じていないとすると、当初狙っていた目的（反作用に対する「作用」）も実現できていないと考えた方がよいです。反作用は不可避なものとして受け入れるしかなく、その点は前提として人事制度の改定作業を進めることが必要となります。

また、人事制度は、導入した後のモニタリングと、その結果を踏まえた修正を繰り返すことが必要です。設計時にどれだけしっかりと検討していたとしても、導入後、当初の狙いとは異なる結果が生じることは少なくありません。それは制度設計自体が原因の場合がありますし、運用方法が原因の場合もあります。それらの原因をしっかりと捉えて対処し続けることが求められます。

必要な割り切り2：誰もが納得／満足する制度を構築することはできない

どれだけ公平性を担保しようと意識して改定作業を進めたところで、その結果として出来上がった人事制度に対する不平不満は生じます。これも不可避なものとして受け入れるしかありません。

評価制度を例に説明します。「営業成績」は最も客観性が高いように思われますが、実は評価が難しいです。様々な事業を手掛ける企業において、例えば「『100万円の利益』という成果を出した人を同じように評価してよいのか」という問題があります。事業や製品が違えば当然、100万円の利益を得ることの難しさは違いますし、同じ事業や製品であっても市場の違いもあります。例えば富裕層向けの金融商品を取り扱う場合、東京都内の富裕層が集まる地域を担当する場合と地方都市を担当する場合では、同じ営業担当者の力量であっても稼げる金額に差が付きます。

また、仮に、従来の不均衡を是正して「真に公平である」制度を作れたとしても、これまでその不均衡が故に過大な評価や処遇を受けていた「既得権を持った人」は、「自分にとってデメリットが大きい」と不満を抱きます。人事制度の改定は基本的にこのような性質を持つので、割り切りが必要なのです。

必要な割り切り3：人事制度の寿命は最長10年

筆者の経験上、人事制度の寿命は最長10年です。実際には10年ももたないケースが多いと思います。企業を取り巻く環境や働き手の価値観などは常に大きく変化していますし、自社の成長ステージによっても求められるものが変わります。「反作用」によって、人事制度を見直した際とは異なる問題が新たに生じます。そのため、10年以上にわたって同じ制度を用いるのは極めて難しいです。環境変化のスピードが速まっている今の状況を踏まえると、その寿命はもっと短いと考えた方がよいです。

「人事制度の寿命は最長10年」と割り切る。その割り切りを受けて、まずは目先で最も大きい問題を解決する。そして反作用が大きくなって異なる問題を解決する必要性が高まったら改めて作り直す――この繰り返しが必要になると思います。

ポイント⑤：「意図」に基づいて明確な「論理」を通す

前述した3つの「割り切り」の必要性を踏まえると、人事制度改定には明確な「意図」が必要で、その「意図」に基づいて「論理」を通すことが大事になります。これが5つめのポイントです。

短期的な人事制度改定の狙いを「意図」として明確にする

制度検討を行う際にも、その後に制度を説明する上でも、「人事制度改定が何を目的としているのか」、つまりその「意図」をはっきりと言い切ることが必要です。前述の人材基本方針が中長期にわたって普遍的な人材に対する考え方とすると、ここで言う「意図」は短期／目先の人事制度改定の狙いになります。これらをセットにして持つことで、検討過程で生じる「ブレ」に対して補正が可能になりますし、従業員にとっても理解を促すものになります。

「意図」は短期／目先の狙いなので、「足元で最も大きな課題解決」に主眼を置いたものになります。要するに、人事制度改定では中長期的なことはあまり重視し過ぎず、ある程度短期的な観点から作り上げるというアプローチがよいのです。新人事制度が機能すればするほど「反作用」が大きくなるかもしれません。そうなったとき、改めて策を講ずればよいのです。

必ず反対意見が出るから、「理屈では理解できる」ようにする

既に述べたとおり、誰もが納得／満足する人事制度を構築することはできません。これは従業員の立場でもそうですし、検討過程で関与する様々なメンバーについても同様です。納得／満足できないからこそ大事になるのは、「論理」を通すことです。少なくとも「理屈では理解できる」ようにするのです。

検討が進むにつれて、議論の中で反対意見を述べる人が多くなります。強い課題認識に基づいた案を出せば出すほど、強い反対意見が出てきます。そのような状況に直面するとどうしても妥協したくなりますが、そこで妥協すると全体としての論理性が失われ、結果として「なぜこのような制度になったのか」という疑問が強く残るような制度

になってしまいます。

また、制度設計が進むにつれて、具体的な個人名に基づいた検討などが行われ、つい手綱を緩めたくなるようなことがあります。報酬制度の設計をする際には新旧制度を用いた報酬のシミュレーションを行うことで、個々に変化幅がどの程度なのか、それが意図に即したものなのか、といった点を検証します。その過程で、報酬が大きく引き下がる人の名前が特定されます。筆者を含めたコンサルタントはあくまでも第三者という立場で「冷徹に」結果を検証しますが、人事部門の方などが見るとどうしてもそこに「情」が介在しやすくなります。

しかし、ここでも妥協すべきではありません。もちろん、客観的に考えて弊害が大きいと判断されるのであれば見直しますが、あくまでも「意図」に基づき「論理」を通すことを徹底するのです。

繰り返しになりますが、誰もが納得／満足する制度を構築することはできないので、少なくとも「理屈では理解できる」という形にする――このような考え方で臨むことが必要です。

4-3 人事制度改定の考え方

人事制度の4つの要素と基本的な流れ

次に、人事制度改定作業の基本的な考え方／進め方を整理します。

人事制度の核は「等級」「評価」「報酬」の3つですが、加えて、その前提として「雇用区分」についても考えることが必要です。雇用区分とは、最近は減ってきていますが「総合職」と「一般職」といったような区分や、「技術コース」と「事務コース」のような職種による区分など、人事制度の詳細をどの単位で設計するのかを定めるものです。

近年では正社員（フルタイムの無期労働契約）や契約社員（有期労働契約）、パートタイム従業員（短時間労働者）だけでなく、一度雇用契約を解除した上で業務委託契約を結び、仕事を会社から「受託する」という形で働く形態を採る企業もでてきています（「従業員の個人事業主化」）。業務委託契約に関する制度などは厳密には「人事制度」とは言えないものですが、従業員の働き方に対するニーズの多様化などを踏まえると、業務委託契約なども人材マネジメントの一つの手法となり、人事制度に絡めて検討することが必要です。

等級、評価、報酬に加えて雇用区分、さらには育成や配置・異動などの仕組みや明文／不文を問わないルールなどを含めて、より広義に「人材マネジメント体系」として捉えることが必要な場合も多いです。本章では配置・異動について少し触れている部分がありますが、基本的には「等級」「評価」「報酬」、および「雇用区分」という4つの要素をもって「人事制度」として捉え、それらに焦点を絞って話を進めます。

人事制度改定作業の基本的な流れは次のようになります（図表4-1）。

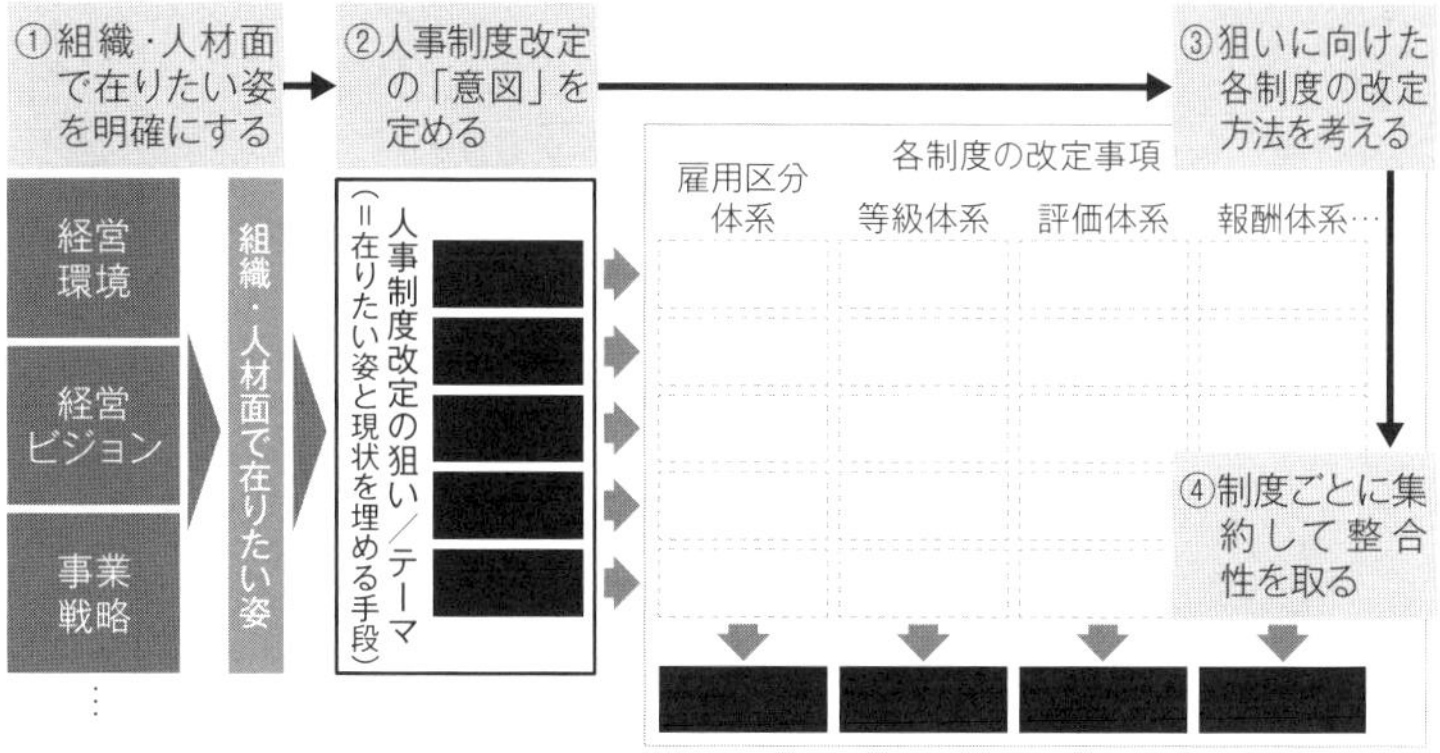

図表4-1　人事制度改定作業の基本的な流れ

①組織・人材面で「在りたい姿」を明確にする

②現状とのギャップを踏まえて課題を特定し、人事制度改定の「意図」（狙い／テーマ）を定める

③「意図」を起点に、各制度それぞれで必要な改定の方向性を考える

④制度ごとに集約し、整合性を取る

この中で、①の「在りたい姿」が既に述べた「人材基本方針」で、②の「意図」は前項で示したものとなります。まずはこれらが明確になっていることが、人事制度改定に着手する上で不可欠です。その上で、人事制度改定の主たる作業としては③と④になります。

4つの要素は複雑に影響し合う

③では、「意図」を踏まえて、その実現のために等級、

評価、報酬および雇用区分の4つの要素でどのような形（体系）が求められるのか、どうあるべきなのかを個別に考えます。

一つの「意図」は4つの要素のいずれか一つを作り直して実現できることは少なく、たいがいは複数の要素の取り組みの掛け算で実現します。例えば「成果によって報酬・処遇に差が付く」という「意図」を実現しようとした場合、報酬体系は賞与によって差を付けられるかもしれませんが、仮に等級体系が職能等級制度のみによって運用されていると、処遇に差を付ける（早くに責任ある職務に付けるなど）ことは難しくなります。また、そもそも成果によってしっかりと差が付く評価体系を実現できていなければ、報酬による差は「制度上はできるけれど、運用上はほとんどできない」といったことになりかねません。

一方で、このように「意図」に沿って4つの要素を個別に検討していくことを進めると、等級や評価などそれぞれで見た時に整合性が取れなくなることも生じます。そのため、一度個別に検討した4つの要素それぞれについて今度は「最終的にどういった等級

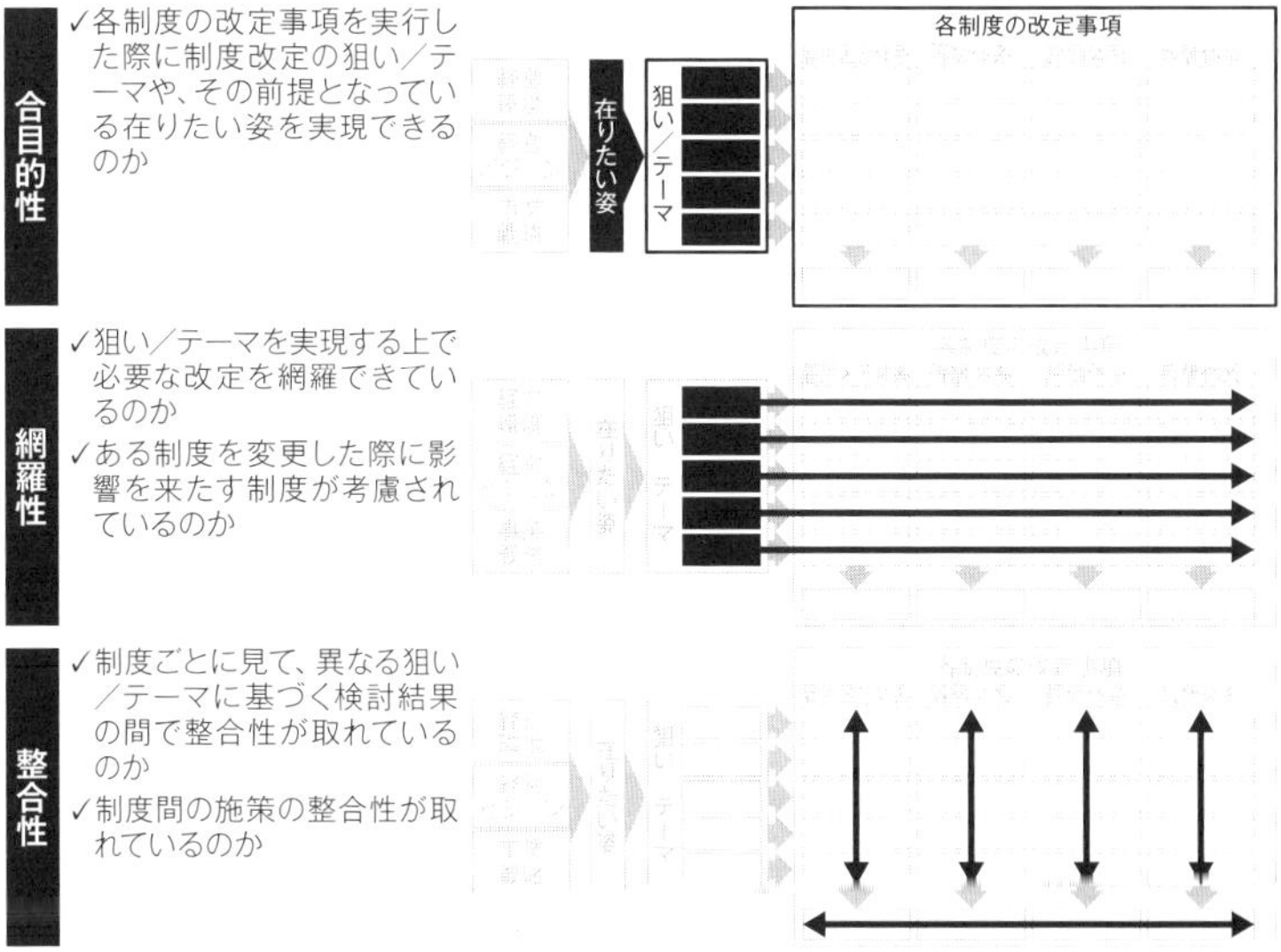
合目的性
✓各制度の改定事項を実行した際に制度改定の狙い／テーマや、その前提となっている在りたい姿を実現できるのか
在りたい姿
狙い／テーマ
各制度の改定事項
網羅性
✓狙い／テーマを実現する上で必要な改定を網羅できているのか
✓ある制度を変更した際に影響を来たす制度が考慮されているのか
整合性
✓制度ごとに見て、異なる狙い／テーマに基づく検討結果の間で整合性が取れているのか
✓制度間の施策の整合性が取れているのか

図表4-2　人事制度のチェック項目

体系にするのか」といった形でまとめ上げる作業が必要となります。それが前記の④で、次項で詳しく説明します。

人事制度検討後のチェック項目 ～「合目的性」「網羅性」「整合性」～

組み上げた人事制度は、最終的に「合目的性」「網羅性」「整合性」を満たすものであることが必要になります（図表4-2）。

- **合目的性**：各制度の改定事項を実行した際に、制度改定の「意図」や、その前提となっている「在りたい姿」を実現できるのか

● **網羅性**：「意図」を実現する上で必要な改定を網羅できているのか／ある制度を変更した際に影響を来たす制度についても考慮されているか
● **整合性**：制度ごとに見て、異なる「意図」に基づく検討結果の間で整合性が取れているのか／制度間の施策の整合性が取れているのか

人事制度の検討は、非常に細かく具体的な話まで落とし込み、相互の影響などを含めてしっかりと考えを及ぼすことが求められます。そのため、細かく具体的な話に進むに連れ、徐々に「意図」から離れ、個々の制度間での整合性が取れなくなるケースも多いです。

これを防ぐために、全体像（To-Be像）を大まかに描くステップと、各体系をそれぞれ細かく定めるステップに分けて考えるとうまくいきます。情報システムの開発で言えば、前者が「基本設計」、後者が「詳細設計」に当たります。さらにその前段の「意図」を固める作業が「要件定義」のような位置付けになります。情報システムの開発の場合、これらのステップをしっかりと踏むことで手戻りなく、また、全体としての整合性が取れ

るように進めることができます。情報システムの場合は結果として「動かない」もしくは「正しい結果が出ない」といったことにつながりますので、全体の整合性などをしっかりと確認しながら進めます。

人事制度も同様で、個々の体系を個別に見た時にしっかりとした形になっているように見えるからといって、全体として狙いどおりに機能するとは限りません。情報システム同様にしっかりと連動しながら作り上げることが本来は必要です。しかし、情報システムと違って結果があまりはっきりと出ない（情報システムだと受け入れテストの段階で白黒がはっきりとしますが）ため、何となく「出来上がった」という気になりやすいのです。

人事制度改定においても、まずは全体像をしっかりと描いた上で具体的な話に落とし込むことです。それを実現するには、全体を俯瞰し、必要に応じて軌道修正する役回りの人を置くことをお勧めします。

4-4 人事制度改定を進める上での留意点

人事制度改定を進める上で、ぜひ理解しておきたいことを説明します。

留意点①：自己評価が高い人の取り扱い

後ほど詳しく述べますが、「社内の他の人と比べた自分の能力や成果に照らして、自社における自分の評価・処遇が妥当ではない」という認識は、かなり直接的に退職の要因になります。そのような認識になるのは、2つの理由が可能性としてあります。

一つは、能力などに対して評価が低く、確かに妥当ではないと判断できる場合です。

これは是正が必要となります。もう一つは、「自分の能力や成果」に対する自己評価が高い場合で、実態としてはこちらの方もかなり多いと思います。要は、客観的に見ると能力や成果が不十分であり、評価や処遇が妥当であると判断される場合で、このような人の扱いに困るケースがあります。

このような人は一定数存在し、あまりパフォーマンスが高いとは言えない人が多いので、正直、そのような人すべてを相手にするのはエネルギーの無駄と言えるでしょう。また、周囲の人もそのような状況（あまりパフォーマンスが高くない）を理解している場合が多いので、周りに対する悪影響も限定的で、これらの人が不満を募らせて退職してしまうことについてはある程度諦めが必要だと思います。

しかし、評価制度およびその運用方法については一度見直すことが必要です。筆者は多くの会社の評価制度を見ていますが、評価の基準が明確になっていない、もしくは評価の決定根拠が曖昧になっている、もしくはそれが適切に伝わっていない、といったケースはかなり多いです。そのような状況だと、「自己評価を正しく」といっても難しい場合もあります。評価は報酬などを決定するためという目的もありますが、育成の指針となるものでもあります。評価にはかなりのパワーを割き、本人がしっかりと自分の現在地と課題を把握できるようにすることが不可欠です。

留意点②：聞き取り調査では退職者の「本音」を把握できていない

前述したように、競合他社や他業界と比べて報酬水準が低いことは、退職の理由としてあまり多くありませんが、退職者に対する聞き取り調査を実施していると、「報酬水準」が退職理由として挙げられることは少なくないです。矛盾しているように見えるこの点について、ここで掘り下げます。

まず、人事部門などによる退職者への聞き取り調査では、退職者の「本音」を的確に把握できていないことが多いです。筆者はコンサルティング業務の一環として退職した方にヒアリングを実施することがあり、それを通じて把握できる退職者発生のメカニズムは、人事部門などによる聞き取り調査から得られるものと異なるケースが多いのです。

「本音」を捉え切れない要因は大きく2つあります。

「本音」を捉え切れない要因1　本音をしゃべりづらいという心理が働く

一つは、退職者本人が意図して本音をしゃべらないケースです。退職するとはいえ、人事部門などは「社内の人」であり、本音をしゃべりづらいという心理が働きやすくなるからです。これは退職者の性格によるので、人によっては「どうせ退職するから、今まで言えなかったことを言ってやろう!」という場合もありますが、「言いづらい」もしくは「波風立てなくない」という理由から、本音とは異なる当たり障りのない要因を伝えるケースも多いです。筆者らが匿名で報告書を取りまとめることを最初に伝えてヒアリングすると、「実は……」と、会社や経営層/上位者に対する不満が出てくるケースがかなり多いです。

「本音」を捉え切れない要因2：本人でさえ「本音」が分かっていない

もう一つの要因は、「退職の理由は?」と聞かれても、退職者本人も整理が付いていないケースです。つまり、本人でさえ「本音」が分かっていないということです。退職は、何か一つの原因によって生じるとは限りません。多くの場合は様々な要因が積み重なり、さらにモヤモヤした心理などを通じて、最終的に何らかのきっかけによって退職を決断する場合が多いのです。

そのような状況で「退職の理由は?」と聞かれても答えづらく、思い付きやすい答えをしがちです。当然、「報酬」について話すこともあるでしょう。いろいろとモヤモヤした思いを通じて転職活動をしていた中で、たまたま今の報酬よりも高い報酬でオファーを受けた、もしくは、既に他社に移った人から「転職すると給料が上がるよ」と聞いて具体的な転職活動に移った――といったケースは多いです。さらに、会社に対して様々な不満を持っていたとしても、「報酬」を理由にすればあまり波風が立たないという心理も働きやすくなります。

そのような理由から「報酬」は転職理由に挙がりやすくなります。報酬が要因の一つであることは確かなのですが、最大の要因ではなく、それを「本音」と思い違いしてしまいやすいのです。

ちなみに、筆者はヒアリングを通じて「本音」を探り、退職などの発生メカニズムを探る機会が非常に多いのですが、これはかなり難しい作業です。既に述べたように退職の要因は様々な要素が非常に複雑に絡み合いますし、本人も認識していない要素が裏側に隠れているケースもあります。また、時間の経過とともに心理が変化し、過去の心理を「忘れている」ことも多いです。コンサルタントは「仮説」をよく使いますが、仮説を表に出し過ぎると答えを誘導することにつながります。退職者本人が「本音」を分かっていない場合も多いので、そのような場合に「例えば」という形で仮説を示してしまうと、「確かに、それは（正確には『それも』）理由（の一つ）だ」という考えになってしまいます。「本音」を探る際には、この点を念頭に置いて行うことが必要です。

留意点③：退職者の本音は、期待に対する「失望感」

では、退職者の本音は何なのでしょうか。確かに報酬水準が低いことは要因の一つですが、それは結果です。特に同業他社と比較して報酬水準が低い場合、その要因として経営戦略や業務の非効率性、人材ポートフォリオ（年齢層のピラミッドなど）、さらには報酬の分配方法など、何かしら別の要因があり、退職者は多かれ少なかれその点を理解しています。裏側の要因の結果として報酬水準が低い状態にあるのです。

重要なのは、この「裏側の要因」に対して、経営層がどのようなアクションを取っているのかです。問題点をしっかりと認識し、それに対してどのように解決を図るのかを明確に示し、そして、具体的な行動を取る——このようなことを従業員側は「期待」しているのです。

退職の最大の理由は、この「期待」に対する「失望感」だと思います。ほとんどの会社では、従業員の多くが自社に愛着を持っていますし、できればそこで働き続けたいという思いがあります。報酬面で多少劣っていても、この「期待」がある限り多くの方は自社に残ると思いますが、それが「失望感」に変わった時に退職の流れが生まれるのです。

報酬は従業員の利益に直接つながるので非常に重要な議論ですが、少なくとも報酬面を改善しただけで退職の流れが収まるわけではありません。この点は肝に銘じることが必要です。

第5章

「人材循環時代」の人事制度の形

5-1 人材マネジメントの3つのキーワードと人事制度の関係性

3つのキーワードと5つのアプローチ

ここまで、第3章では優秀な人材を惹きつけるために求められる人材マネジメントの3つのキーワードと、それを実現する5つのアプローチについて述べました。キーワード1は「自律的なキャリア形成」で、それを実現するために「選択肢を増やす」「従業員が選択する形にする」アプローチが有効だと説明しました。キーワード2は「評価や処遇の納得感」で、そのためのアプローチは「公平性の担保」、キーワード3は「成長機会の存在」で、採るべきアプローチは「早期選抜の実施」と「ポストオフ運用の徹底」です。

また、第4章では、人事制度改定とはどのような性質の作業なのか、そして、性質を踏まえた上でどのように制度改定を進めるのかについて述べました。

人事制度の「基本的な治療法」は多くの会社に共通する

本章では、ここまでの議論を踏まえた上で、人事制度そのものについて説明します。

改めて述べておきますが、人事制度に「正解」はありません。同じような問題を抱えている企業でも、個々の会社の事業特性や風土、過去の人材マネジメント／人事制度の経緯などによって採るべき方策は変わってきます。また、仮に同じ会社であっても、時間が経過して成長ステージや足元の問題が変われば、採るべき方策は変わります。

とはいえ、「採るべき方策」は違っても、「基本的な治療法」はある程度同じです。ここから先は、この「基本的な治療法」について述べます。「基本的な治療法」をベースに自社の特性などを加味することで、自社にとって必要となる制度の形を具体化することができると思います。

図表5-1　優秀な人材を惹きつけるために求められる
キーワード／アプローチと人事制度の関係

意図		人事制度の４要素			
キーワード	アプローチ	雇用区分体系	等級体系	評価体系	報酬体系
自律的なキャリア形成	選択肢を増やす	○	○		
	従業員が選択する形にする	○			
評価や処遇の納得感	公平性の担保		○	○	○
成長機会の存在	早期選抜の実施		○	○	
	ポストオフ運用の徹底		○		○

それでは、「優秀な人は辞めていくが、採用するチャンスもある」時代に求められる人事制度とはどのような制度なのか、「雇用区分体系」「等級体系」「評価体系」「報酬体系」の４要素に分けて説明します。参考までに、第３章で説明した「３つのキーワード／５つのアプローチ」と、「人事制度の４要素」の関係を示しておきます（**図表5-1**）。

5-2 雇用区分体系：キャリアパスや働き方は「自分で選ぶ」時代

多様性への適応が求められる

過去の「日本型」の人材マネジメントは、「頑張れば一定数がポストに就ける」ことを前提としたものになっていました。それによって企業は人事権を握り、「会社側の都合」によって人材を配置してきました。企業側は将来にわたる従業員の雇用を保証し、従業員側は将来にわたる安定性と引き換えに、必ずしも自分の意思に即さない配置についても従う――そういった関係によって成り立っていたのです。

また、労働時間についてもフルタイム勤務が基本であり、さらには残業があることも当然とされるような形が一般的でした。仕事量の増減に対して、かなりの部分を残業によって調整することができる。そのような仕組みになっていました。

しかし、このような考え方が通用しない時代になっています。成長の鈍化によって従来のようにポストを用意できない企業が増え、働く側も志向の変化などによって必ずしもポストに就くことを望まない人も多くなっています。こういった流れもあり、ポストに就くことを前提とした／目指した人材マネジメントだけでは限界を迎えていると言えます。また、労働時間についても、従来のような考え方は既に受け入れられなくなっているということは、多くの方が実感されていると思います。

キャリアパスや働き方は「自分で選ぶ」時代に移っているのです。価値観が多様化する中で、「企業側が画一的に人材マネジメントをするという発想には無理がある」と述べました。「従業員が選べる」ようにせざるを得ず、企業側ができることは、その「選択肢」を増やすことです。その中心となるのが雇用区分体系です。

雇用区分体系には大きく「キャリアパス」と「働き方」があり、働き方についてはさらに「勤務地」と「勤務時間」の2つの要素があります。「キャリアパス」「勤務地」「勤務時間」の3点について、従業員が「自分で選べるようにする」ことが必要です。

キャリアパス：「職種別採用」は限定的

「配属ガチャ」という言葉を聞いたことがあると思います。自身が望む仕事に早い段階で就けるか否かは、優秀な人材にとって極めて重要なポイントです。このような「配属ガチャ」に対する不安を払拭すると同時に、早い時期からスペシャリストとしての育成を図るために、近年は職種を限定する「職種別採用」を取り入れる企業が増えています。

職種別採用は、中途採用においてはこれまでも一般的でした。中途採用は一応「総合職」での採用であり、労働契約上はどの職種に配属されてもおかしくない形にはなっていても、企業側としてはこれまでの他社での経験を自社で生かしてもらうことが前提の採用であり、実質的には職種が限定されていることが多いです。

最近増えているのは新卒採用における職種別採用です。新卒採用においても、一部の職種においては職種別採用の方が望ましいのは確かです。例えば近年需要が非常に高まっているＩＴ系などは特有の知識が不可欠ですし、その後のキャリアにおいても専門性の向上をかなり意識した配置が必要になります。そのため、学生時代にＩＴ系の知識・スキルを習得しているような人材は職種を限定する形で採用し、固有のキャリアを歩めるようにするのが望ましいです。

また、学生時代に知識・スキルを習得していないような場合でも、例えば証券会社の投資銀行業務など、若手のうちから固有の専門性を身に付けることが必要であり、かつ、人気の高い職種については、他社との採用競争の観点からも職種別採用によって人材を確保することが必要になると思われます。

新卒の「職種別採用」は学生に不利

職種別採用は最近はやりの「ジョブ型」人事制度とも相性がいいのですが、筆者は、新卒採用の中で高い比重を占めることはないと考えています。既に述べたとおり、いわゆる「メンバーシップ型」の雇用体系は、会社側にとってだけでなく、働き手にとってもメリットがあります。新卒で社会に出ようとする人にとって、実務能力ではなく「ポテンシャル」で採用してもらえるのは大きなメリットです。

解雇に対する制約が大きい日本では、仮に「職種を限定した採用」をしようとすると、相当シビアに適性を見極めて採用せざるを得ません。これまでは、ある程度の基礎的な学習能力やコミュニケーション能力を見極めた上でザックリと採用し、入社後に適性を見ながら配置転換も絡めて「落ち着きどころ」を探すことができました。しかし、配置転換に制約があるとなると、その職種で活躍できると確証が持てないと採用は難しくなります。

また、仮に職種を限定した採用を中心にすると、職種の「人気の差」によってかなり偏りが生じる可能性も高いです。学生の立場では、企業の中に存在する様々な職種を正しく理解するのは難しいと思います。一度企業に入って経験し、少なくともそれらの仕事をしている人と接していると、その仕事の楽しさや価値などを理解することができますが、入社前ではどうしても限定的になります。

そのため、企業側から見ると人材確保がかなり難しくなります。一方で学生側から見ても、一部の「やりたいこと」が明確になっている学生にとっては職種を限定した採用はメリットがあるのですが、「普通」の学生にとっては就職活動の段階でそこまで将来の方向性を明確に描くことは難しく、結果的に「就職活動に厳しさ」を感じると思います。

筆者は新卒採用にも長く関わってきました。その経験からすると、能力的に「優秀」と判断される学生であっても、その多くは漠然と「こういった仕事をやりたい」という程度のイメージであり、職種を限定して「キャリアを通じてこれをやる」という意志までは持っていないと感じます。これまでいわゆる「メンバーシップ型」の採用が中心であり、就職時に明確に意図を固める必要がなかったという環境も影響していると思います。

転職については「何をやりたいか」がかなり明確になった上で行われますが、新卒での就職はいまだに「どの会社に入るのか」が比重として大きいと感じています。こういった点を踏まえ、「職種を限定した採用」が主流になることはしばらくないと考えています。

スペシャリストが欲しいからジョブ型とはならない

近年、「スペシャリスト」の確保・育成ということが言われていますが、だからといって「ジョブ型」が適するとは必ずしも言えません。採用の話と、その後の配置／育成などのキャリアパスの話は切り分けて考えるべきです。スペシャリストの育成において、採用時点で必ずしも専門性を明確にする必然性はなく、配置／育成において意識すればよいですし、これまでもそのような運用をしている企業は少なくないと思います。

特に社内で専門的な知識・スキルの蓄積が求められる職種については、いわゆる「メンバーシップ型」の人材マネジメントの中でも実質的には「専門特化」させることでスペシャリストを育成していたはずです。この点は今後も変わりはないのですが、明確なキャリアビジョンを持つ一部の優秀な人材についてはしっかりと対処することが求められています。

早い段階で「軸」を明確にする

評価が高い人は、他社も当然求めている人材なので、そのような人を確保・維持し続けるには、そのための仕組みも併せて設けることが望ましいです。

具体的には、職種を限定しない「職種非限定コース」と、採用時点から職種を限定する「職種限定コース」を併用する形が必要になると考えます。一般的な学生は職種非限定コースで、従来同様に職種を限定せずに採用することになります。職種限定コースは、一部の高い専門性が求められる職種や、人気の高い職種に適用します。これら２つのコースを併存させることが必要になると考えます。

加えて、「職種非限定コース」についても、入社後、比較的早い段階で自身の「軸」と言えるものを明確にできるような仕組みが必要になります。ゼネラリストかスペシャリストか、という議論だけではなく、ゼネラリストであっても何を「軸」とするのか。この点について会社と働き手の双方向の対話の中で明確にし、それに即したキャリア形成を支援するような配置などを考える。このような仕組みにすることが必要です。

ただし、全員がキャリアビジョンを明確に持ち、それに従って行動しているわけではありません。会社側が描いたキャリアパスに従っている人も少なくありません。つまり、「最近の若い人はこう考える」と一律で考えることはできません。多様性が高まっていると言われますが、キャリアに対する考え方についても全く異なるタイプの人が共存しています。そのようなことを前提に人材マネジメントを組み立てることが必要になります。

勤務地：「会社都合の転勤は原則ない」という流れが主流へ

「転勤」を否定的に捉える人が多い

「キャリアパス」については人それぞれですが、「勤務地」、特に「転勤」に関しては否定的に捉える人が増えています。2022年6月にエン・ジャパンが公表したアンケート調査結果によると、64％が「転勤は退職のキッカケになる」と回答しています※。転勤は経験値を増やし、人間関係を広げる／リセットするといったメリットがありますが、ライフステージによっては困難が生じ、「地元から離れたくない」という気持ちなどから否定的に捉える人が増えています。

※「『エン転職』1万人アンケート（2022年6月）転勤に関する意識調査」（https://corp.en-japan.com/newsrelease/2022/29780.html）

優秀な人材を確保するには、勤務地についてはある程度限定することが必要です。転居を伴うような転勤を会社都合で行うのは、今後かなり難しくなると感じています。これまでは勤務地を限定した、例えば「エリア総合職」というと、どうしても通常の勤務地無限定の「総合職」に比べて「下」にみられる傾向が強かったと思います。いわゆる「出世」を目指す人は総合職になる必要があり、エリア総合職はかつての「一般職」の代替のような位置付けとみなされるケースが多かったと思います。

今後は、このような考え方／風潮を切り替えないと、優秀な人材の確保は難しくなります。近い将来、「会社都合の転勤は原則ない」という流れが主流になるでしょう。そのくらい、足元で「転勤」の捉え方／意識は大きく変わっています。

転勤の完全排除は非現実的

しかし、転勤を完全になくすのは、全国に拠点があるような企業では非現実的です。一部の大都市圏のように人材を十分に確保できる地域もあれば、なかなか人材を集めづらい地域もあります。金融機関などでは、不正を防ぐという理由などから一定期間であえて異動させると言われています。また、各地域でそれなりの規模の組織になっていればよいのですが、小規模な地域の場合には人間関係が硬直的になり、その結果として様々な問題が生じるケースもあります。

担当者が変わることによって、それまでの仕事の仕方を見つめ直し、効率化や属人性の排除につながるといったこともあります。これらは転勤がなくても担当職務を変えるだけでもできることではありますが、小規模な組織となっている地域だと難しいこともありますし、特に人間関係については変に動かすと角が立つこともあります。その点、定期的に転居を伴うものも含めて異動／転勤がある風土になっていれば、より大きな規模の中で配置転換できますし、人間関係についても後腐れなく「リセット」することができます。

育成面での転勤のメリットは大きい

特に人材育成の観点から考えると、転勤によっていろいろな地域を経験するメリットは大きいです。「視野を広げるには旅に出るのがよい」と言いますが、経験のない土地で働くことを通じて、視野が広がったり人脈が広がったりすることがあります。また、ある拠点で一緒に働いていたという経験は、その後のキャリアの中で必要な時に協力関係を得られやすくなるといったこともあります。

人材の中でも特に経営人材の育成という点で考えると、転勤の意義はさらに大きくなると思います。国内外を問わず様々な地域で事業を展開している場合には、少なからず地域性が存在します。経営人材としてかじ取りをするには、そのような地域性があることについて実体験を通じて理解しているのは大きな意味があります。

会社によっては職種が限られている場合が多いため、勤務地も限定をしてしまうと、組織運営について複数の組織での経験ができないということもあります。組織運営の能力は、様々な状況に置かれた組織での経験を積み重ねることにより高まります。そのため、経営人材として大きな組織を動かす人材になるには、いくつかの職種を経験するだけでなく、「軸」となる職種（営業を軸としたキャリアであれば営業、生産であれば生産など）については複数の地域（拠点）を経験すべきと考えます。そのような面からも転勤の「必要性」は生じると考えています。

「本拠地」を定める

転勤にはデメリットもありますが、前述したように企業側にとっても従業員側にとってもメリットがあります。そうすると転勤については、「会社都合で一方的に行うことはしないが、一定程度は発生させる」という考え方が必要となります。

そこで今後は、次のような制度が有効だと考えます。

- 「本拠地」を設定し、本拠地となる場所で働くことを基本とする。

● 一方で、育成目的にせよ、地域間での人材の偏りの補正にせよ、会社側の思惑によって本拠地以外で勤務する（転居を伴って転勤をする）場合には必ず本人の合意を得る。
● 本拠地以外で勤務する場合には、報酬面で加算する。

転勤ができない仕組みではなく、転勤の目的・意義、さらにはメリットをしっかりと伝えた上で本人の合意を得て行うのです。以前のように辞令一つで転勤させることは受け入れられづらい時代になっていますが、優秀な人材は、しっかりとした目的・意義があり、自分自身の将来にとってメリットになると理解できれば、前向きに転勤を受け入れるはずです。

地域無限定コースと地域限定コース

もう一つの考え方としては、「経営人材を育成するコース（地域無限定）」と「機能別人材を育成するコース（地域限定）」を分ける方法があります。これは従来の「総合職」と「エリア総合職」などと近い考え方になりますが、この場合に重要なのは、主を「地域限定」とし、「地域無限定」を一部（イメージとしては2割程度）に限定することです。

加えて、「地域限定」であってもかなりのポストまで就けるようにすることが必要です。ポストとしては、例えば常務級までは地域限定でも就くことができるが、専務級以上になるためには地域無限定（もしくは地域限定でも一定のポスト以上になったら複数地域を経験させるなど）であることを必要とするといった形になります。

「転勤はない」ことが基本

ライフステージによって転勤を受け入れることが難しい時期も存在するため、いずれにせよ、そのような点を考慮することは不可欠です。子供が学校に通っている時期や、介護によって地元を離れられない時期など、従業員には人それぞれの事情があります。これまでの仕組みだと、会社からの転勤の指示を受け入れない人は「会社に対する忠誠心が足りない」といった見られ方をして社内のキャリアにおいてネガティブに働く（ように感じる）、もしくは、自分の意思を主張することが得意な人は希望がとおり、「声が小さい人」が損な役回りになる――そういったことも少なくなかったと感じています。

転勤を含めた異動についても、それが自身で考えるキャリアビジョンにとって意味があると納得できれば、多少ハードな環境であっても受け入れる一方で、キャリアビジョンに合わないと感じる場合は退職につながりやすくなっています。

これからの時代は、あくまでも「転勤はない」ことが基本となり、本人の意思も踏まえて相互に納得する形で転勤が生じるようにすることが必要です。

勤務時間：ライフステージによって「切り替えができる」仕組み

フルタイム勤務とパートタイム勤務などを柔軟に選べるようにする

これまではフルタイム勤務が基本であり、また、残業があることも当然とされるような形であったと述べました。このような考え方の中で、ライフステージに合った働き方をするという発想には無理があると捉えています。

出産・育児について考えると、産前・産後休業や育児休業、加えて3歳未満の子を養育する従業員に対する短期間勤務についての努力義務などがありますが、3歳以上になると基本的に「フルタイム勤務」に戻らざるを得ない仕組みと言えます※。また、残業を避けるといった場合には同僚の「配慮」に委ねざるを得ません。このような仕組みだけではキャリアを続けることが難しい場合も多く、結果として特に女性については育児によってキャリアを断念するケースも少なくないと思います。

※ 3歳を超えた場合でも短時間勤務を可能とする制度を導入している企業も多くなっています。その場合でも、ほとんどの企業では小学校入学までを期限としているケースが多いです。

この点については出産・育児に限らず、介護などについても同様のことが言えます。ライフステージによって働き方を切り替えたい場合には、その会社内でのキャリアを断念せざるを得ない場合が多いです。

これからの時代に必要となるのは、ライフステージによって「切り替えができる」仕組みであり、それによって、キャリアが「中断」したとしても「断絶」しないようにする。そういった体系にすることが必要です。ライフステージの制約によりフルタイム勤務から短時間勤務やパートタイム勤務に切り替える。もしくはフルタイム勤務の中でも、勤務地や職務無制限のコースから、制限のあるコースに切り替える。場合によっては業務委託契約に切り替える。いずれの場合でも、その制約が解消したら元の働き方に戻ることもできる。そういった柔軟性が必要になります。

配置や処遇に一定の影響が生じることは致し方ない

そのような中で難しいのは配置や処遇になります。例えば、営業の第一線でバリバリ仕事をしていた人に制約が生じた場合にどうするのか。労働時間の限定がある場合などには、これまでと同じ職務を担うことが難しくなる場合もあります。また、例えばフルタイム勤務の標準労働時間に対して半分の時間に限定する短時間勤務を適用した場合、フルタイム勤務の人の半分の成果を上げた場合の評価やそれを受けた処遇をどうするのか。

個人的には、配置や処遇に一定の影響が生じることは致し方ないものであり、この点については働き手の側が受け入れざるを得ないものだと考えています。フルタイム勤務の半分の時間の勤務で半分の成果を出した。だからといって同じように昇級昇格する、もしくは役職などに登用する。こういったことは周囲の理解を得づらく、不協和音を生む要因になりやすいです。

仕事を優先するのかプライベートを優先するのか。どちらを選ぶのかは本人の価値観次第ですが、会社にとって大切なのは仕事を優先する人であることも確かです。キャリアパスや勤務地の話とは違い、勤務時間については制約がない人とある人では明確に影響が生じる。これは致し方ないものだと思います。

重要なのは性別による固定観念を払拭すること

結局、真に「キャリア」と「プライベート」の両面を成り立たせるのは難しく、多くの場合はどちらかを優先せざるを得ないということです。ここで重要になるのは、特に育児の面において、かつてのように「キャリアを優先させるのは男性」「プライベート＝育児を優先させる（キャリアを諦める）のは女性」のような固定観念を払拭することです。

筆者は現在、育児時期の真っただ中です。コンサルタントというキャリアで今のポジションを務める限り、育児においての貢献はかなり限定的で、ほとんどを妻に依存しています（言い訳になりますが……）。世間標準から見たら多少なりとも高い報酬を頂いていると思いますが、そのためには（少なくとも筆者のような平凡な能力の人間にとっては）プライベートをある程度は犠牲にせざるを得ないと実感しています。

育児を夫婦中心で行うことを前提とした場合には、2人ともがキャリアを追求するのは無理があり、いずれかが少なくとも一定期間はキャリアを犠牲にせざるを得ないと思います。しかし、「いずれか」が女性である必要は全くなく、男性でもよい。男性がキャリアを犠牲にして育児を優先させることを「特別なことではない」と捉えるような風潮を根付かせることが必要です。このような風潮が根付けば、夫婦のうちで「優秀」な方がキャリアを選択する可能性が高くなるはずで、結果的に会社としては「優秀」な人を維持できることになります。

このようなことは一つの会社だけで取り組んでも効果は小さく、社会全体に広めていくことが必要になりますが、同時に、個々の会社で取り組まなければ、社会全体に広まることもありません。

5-3 等級体系：早期抜擢が可能な仕組み

等級体系は組み合わせが必要となる

等級体系は、大きく「職能等級制度」と「職務等級制度」の2つがあります。企業によってはいろいろなパターンがあり、「役割等級制度」が「職務等級制度」とは別に存在するケースもありますが、本書ではこの2つは実質的に同じものとして説明します。基本的に、「備わっている職務遂行能力」に基づくもの（＝職能等級制度）か、それとも「担っている役割や責任」に基づくもの（＝職務等級制度）か、によって分かれると考えられます。

「職務等級制度」だけで運用することは難しい

最近の「ジョブ型」の流行により、「職務等級制度」を導入する企業が増えていますが、職務等級制度だけで運用することは難しいと捉えています。職務を限定した雇用形態にするには、解雇に対する様々な制約が大きな障壁となります。解雇に対して制約があるため、社内での配置転換によって人材需給の不均衡を調整しています。これによって、解雇することなく人材の余剰と不足を社内で調整できるわけですが、そうすると職務の転換が少なからず生じることになります。

仮に職務等級制度のみとし、それを厳密に運用した場合には、そのような職務の転換が生じた場合に大幅な等級の低下（＝報酬の減少）が生じることになります。

「職能等級制度」では「下げる」ことが難しい

「職能等級制度」はメンバーシップ型に適した等級体系と言えますが、この制度の最大の欠点は、人件費の下方硬直性です。職能等級は「備わっている職務遂行能力」に基づくものなので、大きく低下することはあまり想定されていないのです。

例えばマネジメント能力について考えると、時代によって求められるマネジメント手法が変わるため、それまで培ったやり方が「時代遅れ」になることはあります。そのような理由によって「能力が低下した」と判断できるケースもあるのですが、多くの場合、「備わっている能力が低下した」と評価・判断しづらいのが実情です。「能力が向上した」ということは、できる仕事の量・質などによって判断することが可能です。しかし、「能力が低下した」と見える場合でも、実はその能力を発揮する機会がなかった、もしくは機会はあったが外的要因が影響して能力が低下して見えた、というような場合も多くあります。「低下した」ように見えても、「見えていないだけで備わっている」可能性を否定しづらいのです。

職能等級制度は、基本的には「下げることは難しい」という考えに基づいて設計するのが現実的です。

2種類の制度を組み合わせることが望ましい

このような点を踏まえると、等級体系は職能等級制度と職務等級制度を組み合わせることが望ましいと考えます。なお、一定の年齢層になると、それぞれの人の「専門領域」がある程度定まり、職務の転換が少なくなると思います。職務を転換する場合でも、それまでの職務での経験や、組織管理などの汎用的なスキルを基に成果を発揮することが求められるような場合がほとんどだと思います。そうすると、職務等級のみで運用する弊害が薄れます。そのため、例えば若手層については職能等級制度を軸とするが、一定の職能等級に達した後は職務等級制度を軸とした運用に切り替えるという形を採り得ます。

職能等級区分の簡素化と滞留年数の撤廃、降格運用の定着を組み込む

優秀な人材を惹きつけるには、職能等級制度と職務等級制度の2つの種類を組み合わせることに加え、「職能等級区分の簡素化と最低滞留年数の撤廃」と「降格運用の定着」の2点を組み込むことが必要になると考えています。

職能等級区分の簡素化と最低滞留年数の撤廃

職能等級制度と職務等級制度を見比べると、職務等級制度は比較的「実力主義」的な色合いが強くなります。最終的には設計次第ですが、基本的に職務等級制度は「担う役割や責任」に基づいて決定されるものです。言い換えれば、担う役割や責任が高まれば必然的に職務等級およびそれに基づく報酬は高まりますし、一方で役割や責任が下がる、例えばポストから外れた場合には職務等級および報酬が低くなります。

一方の職能等級は「備わっている能力」に基づいて決まり、これは年功的な性質を帯びやすいものです。個人で完結する営業活動のように、成果が個人にある程度明確にひも付くような業務であれば、「成果が下がっているということは、能力が下がっているであろう」という推定が一定程度成り立ちます。しかし、そのような業務でない場合には、潜在的な能力が下がっていることを明確に示し、それを根拠に降格させることは難しく、恣意性が入り込む余地が強くなってしまうのです。そのため、職能等級制度の年功的性質を弱めた上で、職務等級制度と組み合わせることで、全体として年功的性質を弱めるといったことが必要になります。

職能等級制度の年功的な性質を弱めて「極めて優秀な人」を抜擢するには、職能等級の区分を簡素化する（区分数を減らす）という見直しをすることが望ましい場合が多いです。

職能等級と職務等級は一定の連動性を持たせた方がよいです。職能等級は「何ができるか」、職務等級は「何をするか」だとすると、一定の職務等級の役割・責任を担うには、相応の職能等級に到達していることを必要条件とする、というような形です。例えば、課長級のポストに登用するにはあるレベル以上の職能等級であること、といった条件を付与するといった運用です。

しかし、このような形にした場合には職能等級制度が足かせとなってポストの抜擢ができない、といった制約が生じる可能性があります。それを避けるために、職能等級区分を簡素化しておくことが必要です。

加えて、各資格の最低滞留年数を撤廃しておきます。職能等級に関する最低滞留年数は合理性がないからです。成長スピードは人により大きな差があります。要領良くスキルや知識を吸収して早くいろいろなことができるようになる人、大器晩成型で最初はなかなか成長しない人など、人それぞれです。マネジメントポストなどに就くことに対して、一定の経験値を積むことが必要という考え方は分かりますし、早くに機会を与えることが本人にとって必ずしも良いとは限らないと思います。しかし、これらについては職務等級側、正確にはポスト登用／何をするか（させるか）で調整すべきことであり、職能等級の原理に照らせば、能力が高まれば昇格から1年しかたっていなくても引き上げることが望ましいと考えます。

職能等級区分の簡素化と最低滞留年数の撤廃により、かなり早い段階で一定のポストに到達できるようにし、結果として、「極めて優秀な5％」※は少なからず優遇されるようにする形が望ましいです。なお、それぞれの会社の風土／実力主義の度合いによりますが、これまであまり実力主義の色合いがなかった会社の場合、若手層については基本的には年功的な性質が強い運用をし、「極めて優秀な5％」のみを早期に昇格させる運用が望ましいと考えます。

※ 社内の人材は「優秀な20％」と「標準的な60％」から成り、「優秀な20％」はさらに「比較的優秀な15％」と「極めて優秀な5％」に分かれると第4章で説明しました。この「極めて優秀な5％」のことです。5-6節で詳しく説明します。

降格運用の定着

もう一つ、セットで組み込まなくてはいけないのが「降格運用」です。前述のとおり、職能等級制度で「降格」をさせるのはハードルが高いです。備わっている能力が「下がった」ということを客観的に判断するのが難しいからです。

一方の職務等級制度は、本来、降格運用は容易なはずです。あくまでも「どのような役割・責任を担っているのか」によって等級が決まる制度なので、役割や責任が下がれば自動的に等級が下がる（等級上、降格になる）からです。しかし、実際に運用すると、「役割や責任を下げる」ということ自体がかなり大きな障壁になるケースが少なくありません。

役職定年以外でポストから外れる、異動によって報酬が下がる――こういったことが極めて例外的にしかなされないような会社では、「ポストから外れる」ということが非常に強いインパクトをもって受け止められてしまいます。そのため、ルール上はポストから外して報酬を引き下げることができても、実際の運用上ではポストから外すことをしない、部付部長や担当課長という名称で処遇を維持する、場合によってはその人のためにポストを新たに設けることで「降格」を回避するケースが多く見受けられます。

報酬総額は当然、一定の範囲に収めることが必要です。そうすると、ある人の報酬を引き下げない限り、優秀な人の報酬を引き上げることはできなくなります。また、ポストの数に関してもしかりです。既得権を奪われることに対しては非常に強い抵抗を生みますが、相対的に見て能力が不足するベテラン人材の機嫌を損ねないようにするために、優秀な若手人材の心が離れるのはばかげています。限られた原資という制約条件がある以上、降格運用は不可避です。

ここで重要になるのは、降格運用を「左遷」といったネガティブなイメージで過度に受け止められないようにすることです。ポストに就くことも外れることも「通常のこと」であり、「外れたらキャリアの終わり」というようなものではない。ポストはあくまでも役割分担であって、その役割分担の見直しの一環として定期的に生じるもの、という受け止め方を浸透させることが必要になります。

そのためには制度導入時に職務等級制度の意味合いや、異動に伴って等級が上下動することが自然であることをかなり丁寧に伝えることが不可欠です。加えて、連動する報酬制度において職務等級による変動幅を当初は小さくすることで、イメージの浸透度合いを見ながら段階的に目指す姿に持っていく、といった工夫が必要になります。

5-4 評価体系：行動の分解と能力等級要件の具体化

評価は処遇を決定するだけでなく、育成のために不可欠なもの

評価は処遇を決定するものという性質が強いですが、それと同時に育成のために不可欠なものです。本書の冒頭で人事制度、特に評価制度において「運用の手間を惜しむ」ということを述べましたが、このような意識になる理由は、あくまでも評価は処遇を決定するためだけの手段であると捉えていることが大きいと感じます。一方で、人材がしっかりと育っている企業では、評価は処遇を決定するものである以上に育成のための手段として捉え、評価を基に建設的な議論がされていると感じています。

成長のためには、自身の課題が何なのかを明確に把握し、その解決に向けて何をすべきなのかをしっかりと理解する。その上で、「すべきこと」を徹底することが必要です。このいずれかが欠けた時点で「間違った鍛え方」になってしまいます。

そのため、評価とその結果を踏まえた面談を通じ、評価者と被評価者の間で次のようなことについてしっかりと共通認識を持つことが必要です。

- 強みは何なのか。
- 次の職位に求められていることと現状の乖離の中で、弱み／最優先で解決すべきことは何か。
- 課題解決のために、どのような取り組み（行動だけでなく、意識変革なども含めて）をすべきなのか。

なお、キャリア形成という観点から考えると、「強み」と「弱み」では、「強み」の共通認識を持つ方が重要です。なぜなら、自己認識と他者認識がずれやすいのは「強み」だから

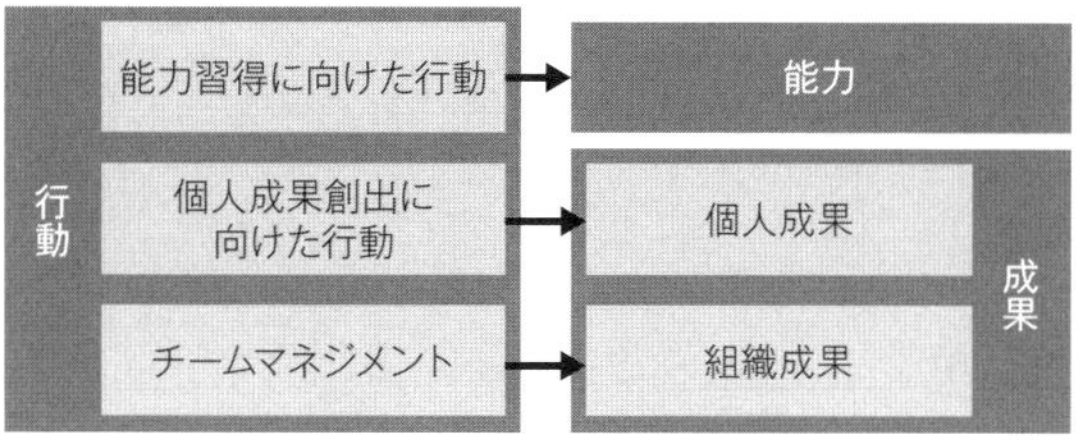

図表5-2　評価する際の視点

です。経験上、少なくとも優秀な人に関しては、「弱み」は自分でもある程度理解できていますが、自分の「強み」に気付いていない場合は意外と多いです。

能力・行動・成果の3つを見るが、特に留意すべきは「行動」

3つのキーワードの一つとして「評価や処遇の納得感」を挙げ、「公平に評価されている」こと（評価「の」公平性）が前提になると書きました。ここではその前提について考えていきます。

まず、評価する際の視点は「能力」「行動」「成果」の3つです。このうち「行動」は「能力習得に向けた行動」「個人成果創出に向けた行動」「チームマネジメント」の3つに、「成果」は「個人成果」と「組織成果」に分けて考えることが必要です（図表5-2）。

成果につながる行動を分解し、取り組み度合いを注視する

成果については「個人成果」と「組織成果」に分けて考えていると思いますが、行動についてはあまり意識的に切り分けられていない場合が多いです。さらに言えば、行動自体をしっかりと評価していないケースも多いと感じています。

しかし、公平性を高めるという観点から評価を考えると、特に留意すべきは「行動」です。一時期は「成果主義」が非常に注目され、成果をしっかりと評価することは一見すると非常に理にかなっているように感じられますが、第3章で述べたように、実は成果を測ることで納得感を持たせるのは難しい場合が多いです。

また、「優秀」であるには成果の再現性／持続性が求められ、そのための合理的な行動が不可欠です。例えば営業であれば、成果は基本的に「行動量」と「成約率」の2つの変数の掛け算で決まり、この2つの変数を高める行動が必要です。具体的な「行動」としては、テレアポなどの初期アプローチを増やしたり、商談につなげるための自社製品を紹

介する機会を増やしたりするのです。そうすれば商談数は増え、成果は創出されます。

このような「成果につながる行動」は、業界、職種、さらには担当する顧客や製品によって変わります。必要な「行動」を捉え、何が足りないのかを意識させることは、育成の観点でも効果があります。

能力評価は「等級要件」の具体化が肝

職能等級制度では、昇降格の判断は基本的に能力に対する評価がベースになります。その評価の基準になるのが「等級要件」です。多くの会社では等級（階層）ごとに「求められる要件」を定義していると思いますが、その要件が「全社共通」で、実際にその定義に照らして判断しようとしても、判断が付かないケースを多く見ます。

等級要件は、ある人（被評価者：Aさんとします）のことをよく知る複数の上位者／先輩がそれに照らしてAさんを見たとき、「Aさんはこの等級に該当する」という点でおおむね意見が合うようにすることが必要です。ほとんどの場合、上位者の間では暗黙的（感覚的）に共通理解ができている場合が多いです。例えばAさんがマネジャー級だとした場合、「Aさんはマネジャーとしていま一歩足りないよね」といった会話の機会は少なくないと思います。そして、ある程度の社歴を積み重ねた人同士であれば、その認識は大きくずれないと思います。

一方でAさん（被評価者）の側からすると、その認識ができない場合が多いです。次の等級に上がるには何が求められているのか、それに照らした時に自分は何が足りないのか、どの程度の距離感があるのか――これらの点についてしっかりと理解できないが故に、評価の納得感が高まらないケースが多く生じます。

この問題を解決するには、等級要件を具体化する／細かく言語化し、暗黙的な共通理解をしっかりと具体化して示すことが必要です。

等級要件は大きく「プレイヤー能力」と「マネジャー能力」に分けて記載することが必

図表5-3　等級要件の例

等級		1等級	2等級	3等級	4等級	5等級	6等級
等級目安（例）		社会人／○○社のルールやマナーに沿って行動できる	一人で仕事を進めることができる	定型的な業務を一人で完結できる	●自身が動くことを通じて組織を動かすことができる（プレイングマネジャーが務まる） ●組織間調整ができる	●自身がプレイヤーを務めずに組織を束ねて成果を上げることができる ●全社方針／計画に基づき自組織の計画を策定できる	●全社最適の視点から経営計画の策定に関与できる ●経営計画の各事業に関わる部分の方針策定と実行ができる
プレイヤー能力	共通						
	営業						
	技術						
	管理						
マネジャー能力	指導・育成						
	組織管理						

要です。下位等級はプレイヤー能力が中心で、上位等級になるほどマネジャー能力の比重が高まります。また、マネジャー能力は、「組織管理能力」と「指導・育成能力」に分けて考えます。

「プレイヤー能力」は、職種ごとに求められる要素が異なりますので、全社共通で目安となる記述をした上で、職種ごとなどで具体化するケースが多いです。最終的には、**図表5-3**のような表を埋めることになります。

「成果」は個人成果だけでなく組織成果も意識する

「成果」の議論を進めると「個人成果」に意識が傾きがちです。「成果主義」という言葉の印象から「個人の成果をしっかりと評価し、それによって報酬差を付ける」という考え方になってしまうからだと思いますが、この考え方で制度設計をすると、あまり望ましくない方向に進んでしまう場合が多いです。

そもそも個人の成果を測定することは難しく、個人の成果を客観的に測定できる仕事は、はっきり言って少ないと思います。「組織成果」から「個人成果」を無理やり切り出そうとしてもうまくいくはずがなく、それが「成果主義」が浸透しない大きな理由だと捉えています。

企業として目指すのはあくまでも「組織成果」です。「個人成果」はその一つの過程ですが、必ずしも直接的に貢献するとは限らず、間接的な貢献もあります。そのため「成果」に関しては「個人成果」だけでなく、「組織成果」も意識することが必要です。

評価は特に「運用」が重要

人事制度の「運用」の重要性については既に触れましたが、ここで改めて述べたいと思います。人事制度は「設計」と「運用」の掛け算で決まり、どれだけ優れた「設計」であっても「運用」が0点であればトータルで0点になります。

運用の手間を惜しみがちなのが評価制度です。評価表の記載、評価会議での評価結果の調整、評価結果に基づく面談（フィードバック）といったことが必要で、それぞれが言うなれば「面倒臭いもの」です。これらを1年もしくは半年単位（場合によってはもっと頻度高く）で実施する必要があり、忙しい業務の合間にこれらをしっかりと実施しようとすると、非常に大きな負担となります。しかし、優秀な人材を惹きつける／しっかりと育成するには、これらの手間は絶対に惜しんではいけないものです。

5-5 報酬体系：下方硬直性からの脱却

人事制度を設計する上で肝となるのは「報酬体系」です。報酬は従業員にとって最も大きな関心事であり、他の諸制度の実効性を持たせるには報酬との連動が不可欠だからです。

これまで述べた各体系について、各社の事業特性や風土などを勘案すれば、「人事制度改定の意図」を実現するものになるはずです。ただし、最終的に「意図」どおりに機能するのかどうかは、報酬体系が他の各体系の狙いを踏まえたものになっているのかどうかがポイントです。報酬体系単体で考えることではなく、他の体系の狙いを実現するために報酬体系をどうすべきなのかと考えるのです。報酬体系は、他の体系に従って組み立てることが必要です。そのような前提に立ち、報酬体系の考え方について述べます。

下方硬直性から脱却する

日本の人事制度における報酬の性質として、下方硬直性の高さが挙げられます。もともと年功的な性質、さらに言えば「若いうちは報酬を抑えられるが、年数が経過した後に『回収』できる」制度になっている場合が多いので、一度高まった報酬水準は下がらないことを「当たり前」のこととして捉える風潮が強いと感じています。

ただ、「報酬の下方硬直性」を維持することは既に難しくなっています。成長スピードが鈍化していることで報酬総額を引き上げづらい状況では、役割や成果などと報酬が見合わなくなった主に高い年齢層の人の報酬を引き下げなければ、若い優秀な人に対して役割や成果に見合った報酬を与えられなくなります。少なからず市場価値を意識せざるを得ない状況では、若い優秀な人の報酬水準が低く抑えられてしまうと、退職につながるケースも増えてしまいます。

報酬制度を設計する上で最も重要なのは、「下方硬直性からの脱却」です。

ポストオフしたら報酬は減額する

下方硬直性からの脱却は、等級体系と報酬体系の両面から取り組むことが必要です。等級体系として職務等級制度を取り入れることにより報酬を下げやすい仕組みにし、報酬体系を職務等級制度に連動させるのです。現状では、ポストオフする場合でも報酬がほとんど下がらない設計になっている企業は多いですが、ポストオフしたらそれなりの減額を伴うように設計します。また、ポストに就いていない人についても、役割の大きさや責任の重さなどを基に職務ごとに等級差を設け、最終的に報酬水準に反映するように設計します。

この職務等級の設定と、それに基づく報酬設計は、導入も運用もそれなりの手間がかかります。人事部門の方を含めて制度検討を進めていると、この「手間」を惜しんで導入に後ろ向きになるケースは多くありますが、ここは人事制度全体の中でも肝となる部分なので、絶対に避けてはいけない部分です。

「職務定義書」に基づいた報酬設計は運用が難しい

ジョブ型の議論において、個々の職務について職務定義書（ジョブディスクリプション）をしっかりと定義し、それに基づいた報酬設計をするケースがありますが、これは現実的ではありません。職務定義書は導入時に作ることは何とかなるのですが、その後の運用をしっかりと実践できている企業をほとんど見たことがありません。高度専門職のような一部の職務に限定して職務定義書を導入（作成）することはあるのですが、会社全体に適用するのは手間ばかりかかって効果は小さいと感じています。

「職務」は常に増減し、新しい職務が生まれることも多いため、あまり細かく設計すると運用が成り立たなくなります。職務等級の設定方法を考える際に重要なのは、「新しい職務が生まれた時に、あまり負担なく、適用する等級を決定できるかどうか」です。そのため、職種と役職などで類型化し、あまり細かく区分せずに運用することが望ましいと捉えています。

「報酬総額」と「分配」は分けて議論する

報酬体系は「報酬総額」の議論と「分配」の議論を分けて考えることが必要です。「報酬総額」は高度な経営判断になります。報酬総額の議論は「労働分配率をどの程度にするのか」という問いに置き換えることができますが、これは、人事の観点だけで議論できるものではなく、採用競争力や業界特性、収益構造、投資計画なども含めた将来の見通しなど、様々な要素を勘案して決めます。

報酬総額の引き下げを行う場合、「どの程度の引き下げを行うのか」という報酬総額を先に固め、それを前提として「分配」の議論を進めることが望ましいです。報酬総額の引き下げは、業績の悪化など会社として大きな問題を抱えていることが理由である場合がほとんどだと思いますが、報酬総額の引き下げを伴う報酬体系の見直しは不利益変更にかなり注意しなければならないです。そのため、先に報酬総額（絶対額）を定めた上で検討を進めることが必要になります。

一方、報酬総額を引き上げる場合※は、先に個々人にどのように分配するのかに主眼を置いて議論し、報酬総額の議論は別（並行）にした方が進めやすいです。この場合でも最終的には不利益変更の検証が必要となるため、報酬テーブルを確定するまでには報酬総額の結論を下すことが必要ですが、分配の議論の方が合意形成に時間を要する場合が多いため、先行させてしまって差し支えないです。

※ここ最近は人件費の上昇傾向もあり、多くの企業が初任給の引き上げやベースアップを行うなど、こちらの議論の方が多くなっています。

報酬のトレードオフは避けられない

「報酬総額」と「分配」という2つの議論において重要なのは、圧倒的に「分配」です。

報酬総額は前述のとおり、最終的には経営判断になります。議論することは必要ですが、最終的には経営としてどう考えるのかによって決まります。また、報酬総額は全従業員を対象として「増やす」もしくは「減らす」という議論で、増やすのであれば基本的にそのことに不満は出ないです。減らす場合、不満は不可避ですが、報酬総額を減らすのは相応の理由があるからであり、あまり議論の余地はありません。減額幅の議論などになりますが、先ほど述べたとおり、最後は経営判断になります。

一方の「分配」は、検討メンバーの中でもいろいろな議論が生まれますし、論理的に「これが正しい」と結論付けることが極めて難しいです。また、報酬総額がどうであれ、分配については必ず有利・不利という問題、つまりトレードオフが生じます。報酬総額が一定であれば、誰かを増やせば他の誰かは減らさざるを得ません。報酬総額を増やした場合でも、ある人は大きく増える一方で、他の誰かはあまり増えない（もしくは増えなかったり、減ったりする）ことが生じます。

雇用区分体系や等級体系、評価体系の議論では漠然としたイメージでしたが、報酬体系の議論では最終的にシミュレーションを実施し、人事制度改定前後での報酬額の差を個人単位で把握し、不利益変更の発生有無とその程度などを確認します。その作業の中で「どの部署の誰の報酬が増えて、誰の報酬がいくらくらい減るのか」がリアルになります。

そのような過程を通じて、それまでは「成果による報酬の格差を大きくすべき」と主張していた人が「このような仕組みだと○○さんなどは退職しかねないから報酬が下がる人が出ないようにしたい」といった意見に変わるといったことがよく起こります。従業員の心理面への影響を想像することは重要ですが、報酬総額をかなり上げることを前提としない限り、誰かの処遇を高めれば、誰かの報酬を引き下げざるを得ません。

報酬面での公平性が保たれていなければ元も子もない

優秀な人を惹きつけるために、報酬面での「公平性」は極めて重要です。これまで述べてきた各体系においても、当然、公平性の観点に基づいて設計していますが、報酬面での公平性が保たれていなければ元も子もありません。いくら他の制度で「実力主義」的な性質を高め、優秀な人材を相応の等級やポストなどで処遇をしたとしても、報酬体系がそれに付いていかなかった場合、「責任のあるポストに就いてもらうけど、報酬は社歴が長い人の方が高いです」となってしまい、逆に不公平感を与えてしまうことになります。

分配の議論をする際には、人事制度の見直しの「意図」に立ち返ることが重要です。トレードオフが生じた場合の判断軸になるのが「意図」です。意図に照らして、どちらを優先するのかをしっかりと判断することが不可欠です。

他社との比較より社内比較での納得感

報酬水準の決定に際しては、他社の報酬水準と比較することは当然必要です。同業他社もそうですが、中途採用で競合する企業と比較することは大事です。しかし、既に述べたとおり、多くの企業において他社との比較以上に重要になるのは、社内比較での納得感です。

他社と報酬面で競っても限界がある

他社と比較している限り、業界内でのポジションや事業ポートフォリオの違いなどによる収益性の差があり、「どうやっても競合他社よりも高い報酬水準に設定することはできない」ということが生じます。さらに言えば、日本企業の中での比較だけで見れば国内トップクラスの水準を提示できる企業であっても、外資系企業との比較になると報酬水準に大きな差を付けられてしまうということもあります。これは雇用に対する考え方の違いなどもあり、頑張って解決できるようなものではありません。

このように競合他社と比較して報酬面での差が生じる場合には、「分配」の見直しによって一定の解消を図ることは必要ですが、それ以上の部分については制約事項と捉えるしかありません。

報酬水準が見劣りすることにより、高い報酬を望む人が他社に移るのを完全に防ぐことは不可能です。仮に同業他社に移ることは避けられたとしても、異なる業界への転職が多く発生している現状を考えると、報酬の高さを重視する人をつなぎとめるには限界があります。

報酬面の社内差は退職に直結するので是正する

しかし、社内での相対的な報酬水準については是正が可能ですし、すべきことです。優秀な人自身が「自分は正当な評価を受け、処遇（報酬に加えて配置なども含めてですが）を受けている」と認識できるようにすることが、優秀な人材を惹きつける上で不可欠なのです。

筆者のコンサルタントとしての経験を踏まえると、退職につながる理由として、競合他社や他業界と比べて報酬水準が低いことはあまり多くありません。もちろん、高い報酬だけを目的に転職する人も一定数いますが、多くの人は他社と比べて報酬水準が低いというだけで転職を決断していないのです。一方、「社内の他の人と比べた自分の能力や成果に照らして、自社における自分の評価・処遇が妥当ではない」という認識は、かなり直接的に退職の要因になるケースが多いです。そのため、この点については早急に解決が必要です。

「自分の処遇が妥当」という点については、例えば市場価値や他社での水準、もしくは他の人との金額差について絶対額として明確な基準があるわけではなく、かなり漠然とした「イメージ」によって決まっています。少なくとも「自分よりも劣っている」と認識している人の方が高い報酬であればダメですが、そのような人に対して自分自身の方が一定程度高ければ、必ずしも「転職すればこの金額のオファーを受ける」という報酬水準に達していなくても、退職をある程度避けることができます。

とはいえ、第1章で説明したように、今はダイレクトリクルーティングサービスへの登録などにより、気軽に転職活動ができる時代です。転職に関してそれほど真剣に考えていたわけではなくても、気軽に「話を聞いてみる」という行動から「今より高い報酬のオファーを受けた」ことで転職が現実になる――そうしたケースは今後増えると思われます。

一定の年齢層になると様々な「現実」を理解していますし、新しい環境で同様のパフォーマンスを上げられるかどうか分からないというリスクが頭をよぎり、現状維持バイアスがある程度働くと思います。しかし、若手層はそのようなことは少なく、また、上位者から見ると「その程度の金額差で?」と思うような報酬水準の差でも転職を決めるケースはあります。

そうした点を踏まえると、報酬水準については、特に同業他社の水準を意識し、劣っているのであれば若手層から管理職層の入り口くらいまでは極力合わせておくことが必要だと思います。

5-6 極めて優秀な人材などのための「別枠」の処遇

ここまでの議論において、何度か「別枠の処遇が必要となるケースがある」ことを述べました。本節ではそうしたケースについて説明します。

「別枠」が必要になるのは、次の2つのタイプの人材です。

①極めて優秀な5％の人材
②極めて高い専門性を持つ人材

「①極めて優秀な5％の人材」は、他の従業員と同じ業務に就くもその成果が非常に高い人になります。どの会社でも存在する、「ダントツ」な社員です。一方の「②極めて高い専門性を持つ人材」は、昨今のＩＴ系人材など、担っている業務を他の従業員では代替できない「異質」の人材になります。

「②極めて高い専門性を持つ人材」は、そもそも自社内で抱えることが難しいです。この点については第８章で詳しく述べますが、このような人材を仮に抱えようとすると、「別枠」というより「例外」のような扱いになってしまいます。基本的には、職務定義書を明確にし、市場価値などをしっかりと踏まえた報酬を設定します。「例外」のような扱いというのは、能力の陳腐化や希少性の低下が起こりやすいので、それらに備えておかねばならない点です。具体的には、業務委託契約の形を採り、自社における必要性がなくなれば契約を終えるような仕組みにすることが望ましいです。

人事制度上の「別枠」でフォーカスすべき対象は、「①極めて優秀な５％の人材」です。

「極めて優秀な5％」は特別待遇をしてでも引き留める

「標準的な60％」を重視する場合、「優秀な20％」が退職するのは仕方がないとなりますが、その場合でも「極めて優秀な5％」は別、という考えにすることが必要です。

なぜなら、「極めて優秀な5％」は外部からの採用によって代替することが非常に難しいからです。20％なのか5％なのかで出現確率が違うこともあるのですが、それ以上に大きいのが組織への適合性です。「極めて優秀な5％」と「比較的優秀な15％」の差は、能力や資質の程度の差もあるのですが、「その組織に合っているのか」によって決まる部分もかなり大きいからです。

基本的に上位20％に入るような人は、他の会社に移ってもやはり20％に入ることが多いと思います。しかし、5％に入れるかどうかは、その組織の風土や置かれた環境に合うかどうかに左右されます。自社にとって「極めて優秀な5％」が他社に行っても同様とは限らないですし、逆に、他社で「極めて優秀な5％」が自社に来て同様になるかどうかは分かりません。ここはギャンブルだと思います。そのため、既に自社の風土に合っていることが証明されている「極めて優秀な5％」を守ることの重要性は高いのです。

加えて、「極めて優秀な5％」は、人によって評価が分かれることがほぼありません。「ダントツ」感があると言えばよいでしょうか。そのため、上位20％に特別な処遇をすることに反発を覚える人でも、上位5％の人であれば受け入れられる。「あの人であれば納得」という合意が得られやすいのです。同時に、若手から見ても「あれだけ優秀な人であれば、これだけの処遇が得られるのか」といった目標にもなりやすく、モチベーションを高めることにつながるという効果も期待できます。

このような理由から、「極めて優秀な5％」については特別な処遇（＝別枠）を用意することが望ましいと捉えています。

「別枠」の実装方法

どのように「別枠」とするのかについては、2つの考え方があります。一つは、雇用形態の考え方／枠組み自体を変える方法。もう一つは、同じ枠組みにするが、昇格運用などで特別な処遇をできるようにする方法です。後者の方法は、制度の中に埋め込んだ方がよいです。

これらは、どちらかを選ぶというものではありません。前者の「別の枠組みを用意する」方法は、組織風土に加えて、属している人にどういった性格や志向の人が多いのか、もしくはどういった性格や志向の人を多く「したい」のかという会社の意思に照らして導入するか否かを判断するとよいと思いますが、導入する場合でも、後者の方法とセットで導入することが必要です。

「別枠」については、最終的には「どれだけ高い報酬を設定できるか」という問いに置き換えることができます。そのために、例えば有期雇用に切り替える代わりに、極めて高い報酬を得ることも可能にするといった仕組みを用意することが可能です。報酬水準は明確に市場価値を意識したものとする必要があります。

高い報酬を設定する場合、無期雇用の「正社員」のままで高い報酬を設定できるようにすることも可能ですが、反作用として周りに不協和音を生むことも少なくありません。「極めて高い専門性を持つ人材」（例えばＩＴの特定領域に関するエンジニア）であれば、「別の世界の人」という捉え方をされることもあるのですが、例えば営業担当者や開発担当者といった、あくまでも自社内に多くいる人の中で極めて優秀な人を処遇する場合、高い報酬を設定すると不協和音を生みやすくなります。そのため、高い報酬を設定する場合「ハイリスク・ハイリターン」となるような形にする必要があります。

ただ、極めて優秀な人でも「そこまでリスクを負いたくない」という意向の人はいますので、そのような人については、ある程度リターンを抑える代わりに、リスクも減らせる、つまり「ミドルリスク・ミドルリターン」の制度も選べるようにします。

ここで大事なことは「ハイリスク・ハイリターン」という選択肢が存在することです。複数の選択肢の中から「自分で選択できる」のであれば、「ミドルリスク・ミドルリターン」を選んでも納得感が高まりやすくなります。また、「高い報酬を得る」ために転職しようとすると、通常、ある程度のリスクを伴います。先ほど述べたように、自社にとって「極めて優秀な5％」が他社に行っても同様とは限らないです。その点を考えると、多少報酬面で劣っていたとしても、自社内で「ハイリスク・ハイリターン」の選択肢があれば、それに切り替えることで社内にとどまってくれるかもしれません※。

※自分の腕に相当な自信があり、実際にどこの企業であっても極めて高い評価を受けられるような人の退職は完全には防げないです。

極めて優秀で価値が高い人材を引き抜く際、自社の報酬テーブルにとらわれず、「現在の報酬をベースに○％上乗せ」という考え方で報酬設定する企業が一定数存在します。そのため、引き抜く側の方が高い報酬設定になりやすいです。それに対抗するには、より高い報酬をカウンター提案する形になり、切りがなくなります。そのため、限界はありますが、ここまで述べた「別枠」の処遇を用意することにより、「極めて優秀な5％」の離反を防ぐ効果が見込めます。

第6章

「人材循環時代」の組織マネジメント

6-1 組織マネジメントはメンバーシップ型を否定することから始まる

第3章から第5章で、「優秀な人は辞めていくが、採用するチャンスもある」という人材循環時代の「人材マネジメント」について説明しました。本章では、「組織マネジメント」について説明します。

現在の組織運営はメンバーシップ型が前提になっている

人事制度について、「ジョブ型」と「メンバーシップ型」という議論が最近は多く見られます。「ジョブ型の方が専門性を高めやすく今の時代に即している」といった論調だと思いますが、筆者は、日本において本当の意味でのジョブ型を適用することは難しいと思います。「だからメンバーシップ型がよい」という単純なものではなく、「日本企業ではメンバーシップ型を否定することは難しく、一定程度のメンバーシップ型の性質を持った人材マネジメントが今後も主流であり続ける」と考えています。この点は第8章で改めて述べたいと思います。

一方で、仕事の進め方などの組織マネジメントについては、「メンバーシップ型を前提とすることを否定する」ことが必要だと感じます。

以前から人材流動性が高い業界ではあまり問題にならないですが、プロパー社員を中心に成り立ってきた会社の仕事の進め方は、自社の業務推進方法や組織関係性などを理解していることが前提になっている場合が多いです。新卒で入社し、メンバーシップ型の配転の考え方に従って「現場」から徐々に昇進した人が管理職層に就き、業務の細かな部分まで理解している。さらには社内の人間関係を熟知して「すり合わせ」的に調整などを進められるが故に成り立つような仕事の進め方になっているのです※。

※ 基幹システムを構築する際、「自社固有の業務のやり方に固執するが故に、カスタマイズが多発する」という問題の原因もここにあります。業務効率化（BPR）などを進め、このような状態からの脱却を図っている企業も多くありますが、依然として圧倒的に多くの会社はこのような状態にとどまっていると捉えています。

「秘伝のタレ」業務が中途採用社員のエネルギーを奪う

「秘伝のタレ」などと言われたりもしますが、昔から脈々と受け継がれ、さらに徐々に新たなものが加えられ続けている業務の進め方を当然としている。このような業務の進め方が残っているが故に、中途入社した人が早い時期から成果を出せないでいるのです。まずはその会社固有の業務になじむ期間が必要になってしまい、そこに無駄なエネルギーが投下されてしまうからです。もちろん、事業の差異化につながる業務は自社固有の仕事の進め方で構わないと思いますが、業務の多くはそのような性質のものではないはずです。

「優秀な人は辞めていくが、採用するチャンスもある」――。この前提に立つと、優秀な人を中途で確保できた際、速やかに活躍できるような仕事の進め方に変えていく、そのような組織マネジメントが必要となります。それは、「長く会社にいる人を前提としたメンバーシップ型を否定する」ということです。

6-2 「標準的な60%」の人で及第点を取れる仕組みを目指す

それまで自社をけん引してきた優秀な人材が退職してしまった場合、仮に即座に同じポストで同じように優秀な人材を採用できたとしても、差し引きで考えると戦力はマイナスになる場合がほとんどだと思います。組織として仕事をしている以上、これはやむを得ないことです。それまでいた優秀な人材は自社に「慣れて」いますが、新たに採用できた優秀な人材は、これから「慣れる」ことが必要です。仮に差し引きマイナスにならないような仕事だとすると、その仕事はそもそも組織で取り組む必要性がないものかもしれません。

本書でここまで述べたように、「優秀な人は辞めていく」ことを前提としなければいけません。そのような時代においてまず考えなければいけないのは、企業としての持続性を担保するために、「優秀な人が辞めても会社が回る」状態を作ることです。

特定個人に依存した業務は少なくない

しかし、特に経理や人事などのコーポレート部門において、特定の業務をある人しか理解していないというケースは、大企業においても多く遭遇します。特定の人がいなくなると、会社として大きな問題が生じかねない状態にあるわけです※。

※ そもそもこれは優秀な人が辞めることを語る前に、企業としてのリスクマネジメントの観点から考えなければならない課題です。

もう10年以上前の話ですが、筆者は日本を代表するような大企業の連結会計業務の見直しに携わりました。その会社の課長級の方が「当社の連結決算はかなり複雑な手作業が必要で、私しかそのやり方は知らないし、マニュアル化などもできていません」ということをおっしゃっていました。ヒアリングを通して業務フローを作成してみたのですが、課長級の方のおっしゃるとおり、かなりイレギュラーな処理をして初めて辻褄《つじつま》が合うようになっており、他の人がいきなりこの処理を担当するのは無理だろうと実感しました。その方は「私が突然入院したら、うちの会社は連結決算ができずに大混乱に陥りますよ」と笑っていましたが、笑い話で済まされない、まさに「致命傷」になりかねないリスクを抱えた状態でした。

ここまで大きなリスクではないにしても、ある部門の特定の人の「個人技」で何とか会社が回っているケースは少なくないと思います。「そう言っているだけで、いざいなくなっても実は大丈夫」というケースは確かにありますが、筆者の経験している範囲で「これはマズイですよ……」と感じることが多いのも事実です。まずはこのような状況や個人能力の高さを前提とした仕事の進め方から脱却することが不可欠です。

「標準的な60%」で及第点を取れる仕組みを目指す

第4章で「優秀な20%」と「標準的な60%」のどちらを優先するかを決めるということを説明しました。人材マネジメントとしては「どちらを重視するのか決める」ということでよいのですが、組織マネジメントとしては、「標準的な60%」だけで及第点まで持っていける形にすることが必要です。イメージとしては、「『標準的な60%』で及第点を取り、『優秀な20％』で＋αを加点する」といった形です。

限られた優秀人材は、「有効活用」という観点が必要です。「標準的な60％」と同じような活用の仕方ではもったいないですし、「標準的な60％」と同じような扱いでは嫌気が差して退職につながることもあります。変な「平等主義」から抜け出し、「優秀な20％」には新しい仕組みを用意し、付加価値を高める業務に取り組んでもらうといった「使い分け」を積極的に進めるのです。

どれだけ仕事の進め方を見直しても、担当する人材によってアウトプットが左右される業務があるはずです。そのような業務に「優秀な20％」をあてがうのです。そのためにも、「標準的な60％」で及第点を取れる形にすることが必要なのです。

6-3 「標準的な60%」を底上げする

求められるのは育成の仕組み

どうすれば「標準的な60%」で及第点が取れるようになるでしょうか。カギを握るのは育成の仕組みです。

「優秀な20%」には育成の仕組みは不要だが、「標準的な60%」には欠かせない

まず、「優秀な20%」については育成の仕組みはあまり必要ないと思います。ここに含まれるような人は自身で学び、能力を高める意識と行動が備わっていることが多いため、育成の仕組みがなくても勝手に育つからです。強いて言えばメンターというか「師」的

な役割の人が存在し、必要に応じて「導く」もしくは「正す」というようなことができれば十分だと思います※。

※「メンター制度」のような仕組みはあまり効果的ではなく、非公式的なものの方が望ましいと思います。

一方で、「標準的な60％」には育成の仕組みが必要です。育成の仕組みの優劣によって、成長の度合いが違ってきます。ここに含まれる人は、成長したいという意識を持っていても、一方で「長いものに巻かれる」というか「組織に染まる」傾向が強いからです。育成の仕組みがしっかりとしていれば良い色に染まり戦力化しますが、不十分であればその逆に陥ります。「標準的な60％」で及第点を取れるようにするには能力の底上げが必要で、そのために、しっかりとした育成の仕組みを作ることが重要なのです。

研修制度やＯＪＴの効果は限定的

「育成の仕組み」といっても、研修制度やＯＪＴを整えたところであまり効果はありません。それは、多くの方が感じていることだと思います。

研修制度は、全従業員が最低限身に付けるべきことを徹底する上では一定の効果はありますが、業務スキルや知識の習得のようなものにはあまり効果はないです。それらは必要性を強く感じている人は研修をしなくても勝手に学ぶ場合が多いですし、そうでない人は研修をしてもあまり効果が上がらないものです。必要性を感じているが日常業務に追われて時間が取れない、という人には効果があるかもしれませんが、一時的な研修による効果は限定的だと思います。

OJTは、「On the Job Training」と言えば聞こえはよいですが、結局は「現場に任せる」方法なので、個々の現場の意識によって大きな差が生じてしまうものになると思います。

育成がうまくいかない根本原因は「業務の属人性」

実は、多くの企業が「育成がうまくいっていない」という問題を抱えています。これは経営層、管理職層、現場担当者層といった各レイヤーで共通しており、みんなが「育成をしなくてはいけない／必要だ」と思っている一方で、「育成したいけどする余裕がない／できない」とも思っています。

筆者がクライアント企業と討議する際も問題になることが多く、その要因について議論も重ねています。そのような議論の中で要因としてよく挙がるのは、次の4点です。

- 業務が多忙で育成に充てる時間がない
- 管理職層に育成する意識もしくはスキルがない
- 育成を頑張ってもメリットがない
- 体系立てた育成の仕組みがない

これらは確かに育成がうまくいかない理由ですが、実は真の要因は別のところにあります。育成できない要因を掘り下げていくと、たどり着くのは「業務の属人性」です。業務の属人性があるから、育成がうまくいかないのです。

「教えようにも人それぞれで違うから教えようがない」ということです。教える人によって教える内容が変わってしまい、同じ業務であってもAさんとBさんではやり方が違うので、Aさんから教わった人とBさんから教わった人では違いが出るし、AさんとBさんの両方から教わった人はこれらを組み合わせてまた新しいやり方が作り出されるといったことが生じているのです。このようなことの繰り返しにより、教えようにも教えることができない状況に陥っているのです。

「業務の属人性」のために、新しい人の戦力化がなかなか進まず、人によって効率性の差も生じやすくなり、その結果忙しくなり「業務の属人性」から抜け出せない……このような悪循環に陥っている企業を筆者は多く見てきました。

育成を進める上では、まずは「業務の属人性」からいかに抜け出すのか。この点に対する取り組みが必要となります。

「心理的な障壁」が業務の属人性の排除を邪魔する

では、どうすれば、業務の属人性を排除できるのでしょうか。こういう話をすると「マニュアル化」が解決策として挙がりますが、あまりうまくいきません。すべてを定型化／形式知化し、マニュアル（文章）に落とし込もうとしても、「文章に落とし込めるような業務ではない」という結論に陥ることが少なくないからです※。また、「定型化した方がよいのは分かっているが、例外パターンが多いので難しい」と捉えられ、業務の属人性を排除できずにいる場合も多いと思います。

※ 業務はなるべく定型化し、可能な限り自動化（システム化）することが必要です。「文章に落とし込めるような業務ではない」というケースでも、実際は定型化できる（というか「すべき」）業務であるケースが多いと感じていますが、このようなレベルの業務も定型化できていないケースが多いです。

しかし実際は、「心理的な障壁」が根底にあり、定型化や形式知化による業務の属人性の排除を諦めてしまっているケースも少なくありません。「心理的な障壁」というのは、実は業務を行っている本人にとって、その方が都合が良いのです。属人的な業務であるために「自分にしかできない仕事」が存在し、それによって自分の身が守られるからです。仮に属人性が排除されてしまうとその人の存在価値が否定されかねないため、本人にとっては属人性が高く、それこそ非効率であるが故に「心理的に安心」という状態につながるのです。これが属人性の排除を邪魔している最大の障壁です。これらに対しては強制力を持った人が主導し、強硬に推し進めるしかないと思います。

「職人」と呼ばれる人にしかできない仕事はあるが少ない

一方で、会社の仕事の中にはどうしても完全には定型化や形式知化できない仕事（＝「非定型の仕事」）が存在します。営業活動やエンジニアの仕事などです。「職人」と呼ばれる人の仕事がその典型です※。ただ、細かく見てみると、そうした仕事は実はそれほど多くありません。会社全体が「職人」を必要とする仕事だとすると、そもそも組織としてスケールしないので、組織マネジメントとか人材マネジメントといった議論は成り立たなくなります。組織規模を拡大する上では「職人」の世界からの脱却は不可欠です。

※「職人」の仕事のすべてが定型化できないわけではありませんが、確かに「これは相当の経験量に基づく『勘』のようなものが必要だ」という業務はあります。このようなものになると計画的に伝承する仕組み（これも「サクセッションプラン」とも言えます）が必要です。

属人性を排除する「再現性の確保」

属人性を排除するのに必要なことは「再現性の確保」であり、そのために必要なことが「細分化」と「可視化」です。定型化や形式知化という考え方に立つと、どうしても難しいと感じる業務は少なくありません。しかし、一定のレベルで再現性を確保することは可能です。仕事を進める上で本当に必要なのは、この「再現性の確保」だと捉えています。

細分化

まずは「細分化」について説明します。非定型の仕事といっても、本当の意味で定型化できない、個人の力量に委ねざるを得ない部分はその中のごく一部で、それ以外の部分は一定の定型化などが可能です。そのため、まずは大きな仕事の塊を「細分化」し、細分化された小さな仕事の塊を定型化や形式知化をすることによって、一定の部分までは再現性を担保します。

可視化

次は「可視化」です。可視化には、「チェックポイントまでの進捗を見るもの」（いわゆるKPI）と、「行動自体を支援するもの」の2種類あります。

営業活動で言えば、例えば電話件数、訪問件数、提案件数などを可視化することが前者になります。営業活動は「確率の勝負」という面があり、基本的に「どれだけの件数にアプローチしたのか（行動量）」と「どういった質でアプローチしたのか（成約率）」で決まります。成約率は個々の営業担当者の力量によって決まりますが、行動量は頑張れば誰でも増やせます。多くの会社の営業担当者の優劣の差の要因を見ると、行動量による差が大きいです。成約率についても、確かに営業成績でトップに立つような人は特殊な才能を持っている場合もあると思いますが、ごく一部の人を除くとそうではないと思います。

つまり、「当たり前のことを当たり前にやっていれば、一定の成約率まではたどり着く」

ということです。語弊があるかもしれませんが、営業成績が上がらないのは頑張りが足りないか、当たり前のことができないからです。この「頑張り」の部分と「当たり前のこと」を特定して可視化することにより、「標準的な60%」によって一定の成果を生み出すことができるようになります。

一方で「行動自体を支援する」というのは、同じ営業活動で言えば「音声認識技術を使って感情分析をする」といったようなことです。エンジニアの世界であれば、それまで感覚的に捉えていた事象をセンサーなどで数値化したり、解析によって因果関係を明確にしたりして要因を特定しやすくすることです。これにより、従来はかなりの経験の積み重ねがなければできなかったことを、比較的経験が浅い人でもできるようになります。

「標準的な60%」によって及第点を取れる仕組み

まずは「細分化」して定型化の範囲を広げ、残った部分を「可視化」し、極力個人の力量などに依存する部分を減らすのです。このような仕事の進め方が、「標準的な60%」によって及第点を取れる仕組みです。

この仕組みでも、突き詰めると個人の力量によって品質の優劣は生まれます。営業の仕事でもエンジニアの仕事でも、一部の優秀な人には資質やセンスといった他の人では簡単にまねできないものが備わっていますし、それが故に高い成果を上げていることは否めないです。そのため、最後は割り切りが必要です。

「属人性の排除」というと、例外処理も含めてすべてを定型化／形式知化しようという意識が働き、それが故に「できない」という結論に至っているケースがありますが、すべてを型に落とし込むのではなく、ある程度の部分は「やりながら覚える」ようにします。そのとき目指すのは、「センスのある人が10年かけて初めてできるようになる」ことではなく、「標準的な能力があれば数年でそれなりのところに達する」ことです。

狙いはあくまでも「『標準的な60％』で及第点を取る」ことであり、優秀な人がいなくなったときの一時的な戦力ダウンは諦め、赤点を取らないようにするという考え方が必要です。

優秀な人材の活用法

先ほど「当たり前のことを当たり前にやればよい」と書きました。及第点が何点なのかにもよりますが、より高いレベルの成果を出すには「優秀な人が取り組んでいること」を広めることが望ましいです。そのためには、優秀な人材が自分のやっていることを形式知化して他の人に伝えることが必要になります。

人を評価する際、どうしても直接的な成果を重視し、行動などの評価についても直接的な成果に対してどうつながっているのかに視点が行きがちです。しかし、組織として本当の意味で「価値がある人」というのは、「自分が持っている仕事を、自分がいなくてもできる状態にする」ことができる人です。自分一人だけでできる成果には限界があります。自分の経験・ノウハウを再現性がある形にし、他の人でもできるようにする。こういった行動は組織にとって非常に大きな価値があります。

形式知化は「極めて優秀な5％」よりも「比較的優秀な15％」の方がうまくいきやすい

「自分のやっていることの形式知化（言語化）」は、「極めて優秀な5％」より、むしろ「比較的優秀な15％」の方がうまくいくケースが多いです。成果を出すことと、それを形式知化することは異なります。「優秀な20％」の中でも特に高い成果を上げている「極めて優秀な5％」は、自分がなぜ成果を上げているのかを、形式知化して他の人に伝えることに向いていない場合が多いです。このレベルに達するには、単に取り組みを工夫するだけでなく、持って生まれた資質などが影響している場合も多いからです。

そのため、改めて「どうすれば成果を上げられるのか」と聞かれても答えられない場合が多いのです。「比較的優秀な15％」の方が、このような取り組みには向いています。成果を上げるために自分自身が様々な工夫をしながら仕事に取り組んでいるので、自分自身が「どうやっているのか」を他の人に説明できるのです。もちろん、「極めて優秀な5％」の中にも形式知化にたけている人もいますが、平均すると「比較的優秀な15％」の方が向いていると言えます。

「自分のやっていることを形式知化する」という取り組みは、なかなか思うように進まないことがあります。理由としては、優秀な人材には仕事が集まりやすいので忙しく、また、自分のノウハウを開示すると自分自身の立場が危うくなると考える人もいるからです。さらに、業務成果に直結しないので、ノウハウを開示しても上司が高い評価をしてくれるとは限らないということもあります。結果として、苦労が多くメリットがないと感じ、なかなか進まないのです。この点は評価などでの工夫が必要です。

社外から来た人にしかできないこと

社歴が長くなると、往々にして自社の仕事の進め方の非効率性が見えなくなります。これはどの会社にも共通して言えることです。そこで貴重な存在となるのが、外部から採用した優秀な人材です。そうした人が自社の仕事の進め方を見ることで効率化したり、形式知化したりできます。属人性の排除と効率化はつながっていて、属人性の排除を進めることで、自ずと非効率性が見えてきます。

「標準的な60％」で及第点を取るには業務の属人性排除が必要で、そのために、優秀な人材のノウハウを活用して仕事の仕組み化を進める――これが、「優秀な人は辞めていくが、採用するチャンスもある」ことを前提とした組織マネジメントの要諦だと考えます。

第7章

今後の「人事部門」の在り方

7-1 人材問題は経営マターになっている

ここまで、「優秀な人は辞めていく」時代に対応する方法として、人材マネジメントと組織マネジメントの両面で説明しました。本章ではここまでの議論を踏まえて、今後の人事部門の在り方を探っていきます。本節では、「人材問題」が企業経営にとってどういう位置付けなのかを説明します。

戦略がなくても、組織と人材が強ければ企業は成り立つ

企業経営は「戦略」と「組織」の両輪で成り立っています。「組織は戦略に従う」と言われ、企業変革に取り組む際、戦略を明確にし、その戦略に求められる組織を構築します。

しかし、「戦略と組織のどちらが重要か」と問われたら、筆者は「組織」だと答えます。組織の「形」は戦略に沿って作り上げられるわけですが、強い組織があれば戦略が不十分でも何とかなる場合が多いからです。ここで言う「強い組織」とは、「個々の能力の強さ（人材面の強さ）」と「結合力と統制力の強さ（組織面の強さ）」の2つがしっかりと組み合わさったものと捉えてください。

極論すれば「戦略がなくても、組織と人材が強ければ企業は成り立つ」のです。逆に、どれだけしっかりとした戦略を作っても、組織・人材が弱ければ無意味になります。そういう意味において、組織と人材は経営の最重要テーマなのです。

経営トップが人材の議論に加わる

以前から組織と人材は経営の重要テーマだという認識はあったと思いますが、経営会議の場などで、「人材」が主要議題になることはあまり多くなかったと思います。人材の量と質を確保するのは人事部門の役割で、経営層が考えるべきテーマは、「量と質が確保された人を活用して『組織』で何をするのか」が中心だったように感じます。

しかし最近では、経営層が人材に関する施策について話題にするケースが増えています。筆者の経験から言えることは、人材施策について、従来は「人事部門と人事コンサルタント」で議論することが多かったですが、近年は「経営層と経営戦略コンサルタント」で検討することが増えています。人材に関するプロジェクトにおいても、従来はプロジェクトの節目で経営トップの意見を伺いながら検討を進めるケースが多かったのですが、最近は日々の検討に経営トップが常に参加し、直接議論させていただくことが増えています。

人材問題は、「人事の問題」ではなく「経営の問題」として取り扱われつつあります。「人材」は経営層が抱える複合的な課題の大きな要素となっているため、人事制度の作り直しといった単発的なテーマに対応する「人事コンサルタント」ではなく、戦略・経営管理・業務・情報システムなども視野に入れながら経営層が抱える課題の本質的解決を図る「経営戦略コンサルタント」に相談するケースが増えているのだと感じます。

企業経営において最も重要なテーマは「組織」であり、その軸となる「人材」について様々な難しさが増している昨今、人材について経営層主体で議論することは当たり前のことなのかもしれません。

7-2 「人事業務部門」から「人事戦略部門」へ

日本企業の人事部門の多くは「人事業務部門」にとどまっていますが、今起きている変化を踏まえると、今後はそのような立場から脱皮することが強く求められます。

「組織変革の主導者」になることが求められる

多くの従業員を雇用して企業活動を進める上で、人材戦略の柔軟性を高め、機動的な人事施策を推進していくことは不可欠です。人事業務を外注することは可能ですが、そのような機動的な展開、さらには人事部門の人材育成の観点から、人事業務部門を企業内部で持つこと自体に問題はありません。しかし、そこでとどまってはいけないのです。

今後の企業経営を考えれば、人事部門が「組織変革の主導者」という立場を担うことができるかどうかが生命線だと考えます。そのためには「人事業務部門」から脱皮し、「人事戦略部門」という役割を担うことが求められます。そのために必要なことは、人事部門が「マーケティング」と「データアナリティクス」の機能を備えることです。

人事部門が持つべき機能1：マーケティング

ここで「マーケティング」とは狭義に「プロモーション」を指すのではなく、自社が求めるターゲット人材像を明確にし、そのターゲット層に対して提供できる価値を定め、その価値を具体的に見せていく――これらをしっかりと組み立てて各種施策につなげることです。マーケティングは一般的に外部に対するものを指しますが、人事部門が行うマーケティングは外部向け（潜在的な採用者層：アウターマーケティング）と内部向け（自社内の従業員：インナーマーケティング）の2方向あります。

一般的なマーケティングと人事部門のマーケティングは、対象となる相手が「顧客」なのか、それとも「働き手」なのかという違いはありますが、考え方はかなり似ています。

筆者はコンサルタントとしてそれなりの数のマーケティング案件を担当しましたが、そこで学んだマーケティング思考のようなものが人材に関する案件でもかなり生きていると実感しています。

人事部門が持つべき機能2：データアナリティクス

「集合」としての人材をしっかりと捉えて適切な施策を考えるには、統計的な感覚なども備えたデータアナリティクス能力が不可欠になります。

人材施策については、これまで、あまりにも「経験」や「感覚」に委ね過ぎていたように思います。理由の一つは、様々な施策を行う上で判断材料となるデータが少なかったからでしょう。人事部門には通常、過去からの配置や評価、報酬に関するデータはかなり長期間にわたってそろっているのですが、「今、従業員は何を考えているのか」といった情報はほとんどありません。また、各種施策を実施した際の効果についても、定量的な検証はほとんどされていないのが実情です。

人材の価値観がある程度画一的だった時代であればそれでも成り立ちますが、価値観が非常に多様化し、企業側がそれに適応しなければならない今の時代には、事実として「今どのような状態になっているのか」をしっかりと捉え、それに基づいた施策を打ち、効果を検証することが不可欠です。

人事部門がデータに基づいた運営を行う上で障壁となるのが、データの種類と性質です。まず、人材に関するデータは「人事部門にあるデータ」とは限らず、様々なシステムに分散する多様なデータになります。営業部門の人材の能力や行動を見る上ではＣＲＭ※システム上に蓄積されているデータを活用するなど、企業内にある様々なシステムの様々なデータを組み合わせて物事を考えることが必要になります。

※ Customer Relationship Managementの略。顧客関係管理と訳され、顧客情報を一元管理して顧客との関係性を維持・向上させることを指します。

また、人材に関する情報はセンシティブなものも多く含まれます。そのため、他部門にいるデータアナリティクスにたけた人材に依頼するわけにはいきません。そのため、人事部門はデータアナリティクス能力を自組織内に備えることが必要になります。

7-3 「組織変革の主導者」としての人事部門の心構え

経営ビジョンや戦略を実現するために、「組織変革の主導者」という役割を担う必要があると説明しました。組織変革には痛みを伴いますので、これまでの人事部門とは異なる心構えを持つことが求められます。人事部門はそこから逃げてはいけません。

「変革」は大多数の反対に遭うもの

企業の中で組織や人材に関する問題が大きくなると、人事制度改定に限らず様々な施策を打つことが求められます。その際、従業員にとってメリットの大きい施策ばかりであればよいのですが、特に処遇に関しては痛みを伴うものも多くなります。これまで長年にわたって自社のために貢献してきた従業員の処遇について不利益を伴う変更をしなくてはならないこともあります。成長率が鈍化し、かつ、人材に求める質的な要件が大きく変化している昨今、こういった局面は非常に多くなってきていると思います。

戦略の議論にせよ組織の議論にせよ、「変革」は大多数の反対に遭うものです。8割から9割程度の人は反対に回る、それこそが「変革」です。大多数の賛同を得られるような取り組みをもって「変革」とは言わないのです。

筆者がコンサルタントとして支援する現場で、特に問題が大きい会社ほど「変革」に対して及び腰になる傾向が強いです。経営層も人事部門も、最初は非常に強い問題認識を訴え、「変革に挑む」という意気込みで検討に着手するものの、話が具体化して「痛み」が見えてくるにつれて手綱が緩んでしまう、そういった場面は非常に多く見られます。様々な人から反対意見を浴びることが目に見えると、「いろいろと『厄介なこと』が起こる」という意識が働いてしまうからでしょう。

筆者が関わったある企業の話

筆者が関わったあるクライアント企業に対する支援での話です。その会社では、エース級人材を引き留めるために報酬を引き上げる必要があり、その原資を確保するために「問題があると見なされる20%の報酬を引き下げる」という話になりました。

検討の最終段階に入った頃、人事部門の中核メンバーから「報酬を引き下げたら、対象になった人たちは辞めてしまうのではないか」という意見が出て、その後、「報酬の引き下げはせず、従来のようにあまり差が付かない報酬体系にしたい」という意見が多くなってきたのです。

筆者がいろいろと意見を伺いながら進めたところ、「問題があると見なされる20%」であれ「退職者が出る」ことを嫌がっているようなのです。加えてこれらの「問題があると見なされる20%」の人たちはいろいろと「うるさい」人たちで、自分たちに不利益がある変更となると人事部門に何を言ってくるのか分からず、それに対応するのは面倒だ、という心理も働いているようでした。

穏便に済ませようと思えば、それこそ「何も変えない」のがよいと思いますが、それでは何の問題も解決しません。この会社の場合、変革の手綱を緩めれば「問題があると見なされる20％」の退職は防げるかもしれませんが、「優秀な20％」であるエース級人材が辞めてしまうのは避けられないと思われました。

あなたならどうしますか？

「組織変革の主導者」は逃げてはならない

「組織変革の主導者」である限り、反対意見や「痛み」から逃げることは絶対に許されません。逃げた瞬間に「変革」から遠のきます。それこそ、社内全体を敵に回すくらいの覚悟が必要です。

営業など事業面の取り組みの場合、問題認識自体は比較的賛同を得ることができます。それに対する取り組みは、大多数の反対を受けていても、強いリーダーシップの下で局所的に着手すること、つまり「スモールスタート」が可能です。スモールスタートであれば反対意見を持つ人は「お手並み拝見」的な姿勢で見る場合が多いため、着手に対して抵抗はあまり大きくならないです。そして、それによって見られる効果によって当初反対していた人が賛同側に回る、ということが期待できます。

しかし、特に人事制度に関しては「スモールスタート」が難しく、猛烈な抵抗の中を押し通さなければならないのです。社内で嫌われ者になるのは誰もが嫌ですし、制度の改定は人事部門に所属する人自身の将来にも関わります。そのため、あまり厳しい制度にすると、自分自身が将来苦労することになることが見えてしまい、結果として妥協が生まれるのです。

社外の力を借りる方がうまくいく

人材に関して「変革」レベルの取り組みを推進するには、社内だけで完結させるのは極めて難しいと思います。これは筆者がコンサルタントだから言っているわけではありません。ちなみに筆者が以前所属していたコンサルティング会社はそれなりの数の人事コンサルタントがいたのですが、自社の人事制度を大幅に作り変える際、外部の人事コンサルタントを活用しました。コンサルティング会社でも自社の人事制度を社内の人だけでは解決できない、そういった性質のものだと思います。本気で「変革」レベルの取り組みを進めようとするのであれば、外部の力を活用する方がうまくいくと思います。

第8章

日本における人材マネジメントの将来像

8-1 「日本型人材マネジメントシステム」とは何か

最後に、少し長期的な視点で日本に求められる人材マネジメントについて述べたいと思います。まず、「日本型人材マネジメントシステム」とは何かを改めて考えてみましょう。

「日本型」が出来上がった背景には高度経済成長

日本企業の雇用に対する考え方は、「三種の神器」と呼ばれる「終身雇用」「年功型賃金」「企業内組合」が中心になります。これに加えて、「新卒一括採用」や「企業内教育」、さらには「会社主導の配置・異動」といった仕組み／慣習を含めたものが「日本型人材マネジメントシステム」です。「ジョブ型」との対比として「メンバーシップ型」と呼ばれるものもここに含まれます。

このような日本型人材マネジメントシステムは、古くから日本企業に根差しているものではなく、高度経済成長期に入ってから広まりました。その背景にあったのは、急激に経済が拡大していく中で大量の労働力を安定的に確保する必要性が高まったことです。大量の労働力を確保するには、即戦力になるかどうかにこだわってはいられません。そこで、全く経験のない人材を新卒で一括採用し、自社内で教育を施すことで、自社固有の要件を満たす人材を育て上げる方法が広まったのです。新卒一括採用は計画的な人員確保を進めやすいので、急激に事業を拡大させていく上で都合のよい仕組みでした。

日本型人材マネジメントシステムの完成

一方で、せっかく企業内教育によって「一人前」に育った人材が辞められては困ります。そのため、自社内で長く勤務するインセンティブとして、終身雇用を原則とした年功型賃金は有効でした。年功型賃金と、勤続年数が長くなるほどメリットのある退職金制度により、従業員は「若いうちの給料は安いが、将来家庭を持ち、よりお金が必要になった時には高い給料がもらえる」という思いが働く。結果として転職せず一つの会社に定着するようになります。言ってみれば「投資回収型」で、賃金はキャリアの後半で回収する／後払いで受け取るような仕組みになっていたのです。

ただ、終身雇用は、企業側にとって「余剰の人材を抱えてしまう」というリスクがあります。例えば、事業構造の転換などを実施した際、部署によってどうしても人材の過不足が生じてしまいます。そこで、職務や勤務地を限定するのではなく、会社主導で配置・異動できる仕組みが必要でした。

さらに、企業内組合により企業単位で労使交渉／調整を行うことにより、ここに、「日本型人材マネジメントシステム」が出来上がりました。

肝は「一つの企業で完結している」ことと「画一的である」こと

この仕組みの肝は「一つの企業で完結している」ことと、それぞれの企業が独自に設定する最適なキャリアパスなどが「画一的である」ことです。従業員は新卒で入社してから定年退職するまで一つの会社に属し、キャリアパスからふるい落とされないように働き続けます。この仕組みのデメリットはいろいろと言われますが、日本型人材マネジメントシステムは、かつては日本企業の強さの要因になりました。企業を強くする仕組みであったため、その人事制度は長く続くことになります。

「日本型人材マネジメント」は限界を迎えているのか

前節で述べたような「日本型人材マネジメント」は限界を迎えている（もしくは崩壊している）と言われて久しいです。その理由として、日本経済全体の低迷に伴う企業側の体力の低下、ＩＴなど新たな専門性に対するニーズ、従業員側の価値観の変化／多様化といったことが指摘されていますが、それ以上に「一つの企業で完結している」という前提が崩れたことが大きいと思います。

外資とＩＴ業界が人材の流動性を高めた

従来の日本企業同士の競争の場合、競合他社も基本的には新卒一括採用、終身雇用という考え方をベースに人材マネジメントを行っています。そのため、中途採用の求人側ニーズが少なく人材の流動性が低い状態で収まっていました。しかし、外資系企業の参入、さらにはIT業界のような全く新しく、かつ、急速に規模を拡大する産業が生まれたことで、大きな雇用ニーズが新たに生まれました。その結果、人材の流動性が高まったのです。

金融業界では、比較的早い時期から外資系企業が日本に参入し、日本企業の優秀な人材を高い報酬で引き抜いていました。また、2000年前後からはIT業界が一気に拡大したため、若手層だけでなく、各領域で即戦力として活躍できる人材を含めて短期間で採用する必要が生じました。これらが、日本型人材マネジメントシステムで動いてきた日本企業に大きく影響したと捉えています。

ジョブ型の風潮が過度に高まり過ぎている

では、本当に日本型人材マネジメントシステムは限界を迎えている（もしくは、崩壊している）のでしょうか。筆者はそうではないと考えています。大きな影響を受けたことは間違いなく、今の形を維持できなくなってきているとは思いますが、少なくとも「日本型」は崩壊したから「欧米型」にすべき――といった短絡的な話にはならないと思います。

「ジョブ型」と「メンバーシップ型」という議論において、ジョブ型の風潮が過度に高まり過ぎていると感じています。日本の法制度などを踏まえると、特に解雇を含めた雇用調整が大きな障壁となり、本当の意味でのジョブ型運用には大きな制約があります。一方で、メンバーシップ型は働き手側から見ても一定のメリットがあります。新卒一括採用によって全く経験がない若者でも仕事に就くことができ、企業内教育を通じて一人前になることができます。諸外国と比較して日本の若年失業率はずっと低い状態が続いていますが、その大きな要因は日本型／メンバーシップ型の人材マネジメントシステムがあるからです。

各種調査結果を見ると転職は「当たり前のこと」になり、転職希望者が増加しているのは事実ですが、終身雇用の看板を下ろすほどの流動性ではないと思います。実際の職場でも、会社を辞めていく人や、中途採用で会社に入ってくる人は増えていますが、多くの日本企業では依然として「長く勤務する人」が多いと言えます。

「捨てる」のではなく「チューニング」する

日本型人材マネジメントシステムを今の形で維持できなくなっているとは思いますが、これまでの考え方を捨て、根本から／全面的に新しい考え方に切り替えるのは違うと思います。求められているのは、「従来の考え方を踏襲しつつ、一部をチューニングする」ことです。ただし、日本型人材マネジメントシステムの肝の一つである「画一的」に関しては、限界を迎えていると思います。こちらについては最後に述べます。

8-3 人材マネジメントで必要となるチューニング

俯瞰的に人材マネジメントシステムを見て、どのようにチューニングすればいいかを考えてみましょう。

まず、日本型人材マネジメントシステムの構成要素を改めて挙げてみます。

- 終身雇用
- 年功型賃金
- 企業内組合
- 新卒一括採用

- 企業内教育
- 会社主導の配置・異動

この中の「企業内組合」は、除外して考えてもいいと思います。労働組合の推定組織率は低下の一途をたどり、2023年には16・3%と過去最低水準を更新しています※。労働組合が強い企業は依然として存在しますが、俯瞰的に人材マネジメントシステムを考える際には対象とする必要はないと思います。

※ 厚生労働省「労働組合基礎調査」

それ以外のキーワードの中で、完全に変える(捨てる)ことが必要なのは「会社主導の配置・異動」です。既に第1章で、「人事の主導権は企業側にはない」と述べました。ただこれは、正確には会社が「一方的」にできないだけで、配置・異動ができないわけではないですし、以前に比べれば抵抗感が強まったものの、転勤や職務の大きな変化を伴う異動が受け入れられるケースも多いです。従業員との双方向の意思疎通/コミュニケーションの重要性が今後ますます求められると捉えています。

それらを踏まえ、人材マネジメントシステムをどのようにチューニングすることが必要なのか、筆者の考えを述べていきたいと思います。

基本となるのは「メンバーシップ型」

まず、日本企業の人材マネジメントシステムが急激に「ジョブ型」中心にシフトすることはありません。

「終身雇用」は制約事項となる

ここまでも述べてきたことと重複しますが、ジョブ型を中心とした人材マネジメントシステムに転換をしようとするならば、解雇規制などの労働法規を変えて雇用調整を図りやすくしなければいけないですし、企業内教育に頼り切らず、企業外で教育訓練制度を整える社会全体としての作り直しが必要になるからです。今後、解雇規制が急激に緩和されることは考えづらく、そうすると、「終身雇用」が一つの制約条件となります。ここは動かないと思います。

そうすると雇用調整の代わりとして、社内での配置転換によって人材需給の不均衡を極力調整することの必要性は残ります。結局、「終身雇用」と「会社の事情に合わせた配置・異動」はセットで考えることが必要なのです。雇用を守るには、ある程度は会社の事情に合わせた配置・異動は受け入れざるを得ない——このような前提があるため、これまで「会社の都合」による配置・異動が受け入れられてきたと言えます。

終身雇用を守りつつ、職務や勤務地を完全に限定した人材マネジメントを行うことは不可能です。これからは「会社側の都合で一方的に」配置・異動させるのではなく、転勤する場合には「報酬面で加算する」といった従業員側のメリットを訴求し、「（本人も合意の上で）会社の事情に合わせた」配置・異動する考え方になります。

「新卒一括採用」と「企業内教育」は大きな柱

そもそもメンバーシップ型が定着した大きな理由は、急激に経済が拡大していく中で、国内で大量の労働力を安定的に確保する必要性が高まったことだと述べました。その時と今では日本経済の状況は異なりますが、「労働力を安定的に確保する必要がある」ことは変わらず重要で、それが、今後もメンバーシップ型が基本であり続けるもう一つの理由です。

既に述べているように、「人手不足」は解決しない問題です。日本経済は低迷して成長スピードは鈍化しているものの、人口が急激に減少し始めているので人手が足りなくなっています。即戦力が欲しくても人材市場で充足することはできず、結果として未経験者を採用することが必要です。自ずと、企業内教育を通じた人材育成が今後も不可欠になります。新卒だけでなく、第二新卒なども含めた形に変えることは必要ですが、いずれにせよ、「新卒一括採用（に準ずるもの）」と「企業内教育」が大きな柱になると言えます。

「終身雇用」は企業側から見ても必要であり、その点から「年功型賃金」も合理的

「新卒一括採用（に準ずるもの）」と「企業内教育」が柱になるということは、（正確には「準ずるもの」ですが）「終身雇用」と「年功型賃金」も必要になります。「新卒一括採用」で確保し「企業内教育」で育成するということは、若手人材に対してかなり大きな投資を

するということです。そのため、なるべく長く自社で働き続けてもらうための仕掛けが不可欠なのです。要するに、それを保証したいかどうかは別として、企業側としては少なくとも標準的なパフォーマンスを上げられる人について「終身（なるべく長く）雇用『したい』」という意識が働きます。その際に必要となる要素が「年功型賃金」です。

従業員に長く働き続けてもらうために必要な施策は多くあります。最近は「働く」ことの意識や価値観が大きく変化し、金銭的な報酬だけでなくワークライフバランスの確保やエンゲージメントといった要素も不可欠となり、そのために企業理念の共有などの重要性も高まっています。とはいえ、やはり金銭的な報酬は働く上で重要な要素の一つです。

年功型賃金は「後払い」ということは既に述べましたが、長く働いてもらうためにこの性質は一定の合理性があります。もちろん、かつてのような年功的性質が強過ぎる制度は問題がありますが、一方で、年齢によらず、職務や成果のみで報酬を決めるのもまた極論です。今後は年功的性質を残しつつも、職務や成果によるメリハリを利かせる仕組みに移していく。それによって、基本的には「メンバーシップ型」の性質を軸とした新しい人材マネジメントシステムに変えていくことが必要と考えます。

「メンバーシップ型」では対応できない2つのタイプの人材

ここまで説明したように、従業員との関係性においては「メンバーシップ型」が中心になると捉えています。一方で、どうしても従来のメンバーシップ型では対応できないケースもあります。既に述べた「別枠」が必要な人材になります。重複する部分がありますが、ここで改めて述べたいと思います。

メンバーシップ型では対応できないケース1：極めて優秀な人材

一つは、「極めて優秀な5％」の処遇についてです。自社内のごく一部であるこれらの極めて優秀な人材については「別枠」となる待遇が必要です。それは、その他の「比較的優秀な15％」とも異なる処遇で、高い報酬とのトレードオフで雇用の安定性が下がる「ハイリスク・ハイリターン」となる仕組みなどです。メンバーシップ型の考え方から逸脱しますが、このような仕組みを別途用意することは必要になります。

メンバーシップ型では対応できないケース2：極めて高い専門人材

もう一つは、「極めて高い専門人材」の処遇についてです。こちらも自社内でごく一部が該当するような人材で、最近だとIT系、ファイナンスや人事の専門家、研究開発部門で特定の技術を持った人材が相当します※。「極めて高い専門人材」とは、社内で相対的に高いのではなく、市場水準に照らして高いという意味になります。

※「極めて優秀な人材」は他の従業員と同じ業務に就くもその成果が非常に高い人で、ここで取り上げている「高い専門人材」は担っている業務自体を他の従業員では代替できないような人です。

「極めて高い専門人材」を確保するには、相応の報酬を支払うために、「ジョブ型」がよいとされています。しかしジョブ型を導入したとしても、市場価値が高い人材を確保し、自社内で確保し続けるのは難しいと思います。その理由は2つあります。

極めて高い専門人材を確保できない理由1：専門性の高さを正しく評価できない

理由の一つは、その人の専門性の高さを判断し、市場価値に即した報酬水準を設定することが難しいからです。例えば、IT系人材を、いわゆる「IT系企業」ではない業界のIT部門やDX部門が採用しようとした場合、周囲から見れば「自分たちが理解できない世界で専門性が高い人」となります。そうすると、その専門性の高さがどうなのか、そもそも市場の中で本当に価値があるのか、どの程度の報酬水準が妥当なのか――こうした見当を付けづらいのです。そのため、専門性の高さを正しく判断し、市場価値に即した報酬水準を設定するのは難しく、結果として採用競争で負けてしまうのです。

極めて高い専門人材を確保できない理由2：専門性を維持できない

もう一つの理由は、たとえ採用できたとしても、専門性を維持することが難しいからです。「専門性を持つ業界にいる」ことと、「専門性を持つ業務に携わっている」ことには大きな違いがあります※。専門性を維持するには知識やスキルの習得といったことは当然必要ですが、加えて経験量を積むこと、さらには常に新しい経験に触れ続けることが不可欠です。専門性を専門業界以外で向上／維持し続けるのは難しい場合が多く、「専門性を維持できない」という問題が生じるのです。それは採用した企業にとっても、専門人材にとっても大きなリスクです。

※ 第4章で人事制度の改定作業について説明した際、「コンサルティング業界以外の会社にいると人事制度を全面的に改定するという経験はどれだけ多くても10回に満たないはずです。それに対してコンサルタントは、どういった施策を打つとどのような『副作用』が生じるのかについて多くの現場を見ており、ある程度の想定ができます」といった趣旨のことを書きました。この点がまさに「専門性を持つ業界にいる」ことと「専門性を持つ業務に携わっている」ことの違いです。

もちろん、一定の年齢に達してワークスタイルの転換をしたいという意向から、報酬や専門性の維持の面で一定の妥協をしてでも他業界に移りたいという人は少なからずいます。また、しっかりとした意識と行動が伴っていれば、どのような場にいても時流に付いていくことは可能ですが、簡単なことではありません。

日本企業が世界市場で戦っていくには「極めて高い専門人材」が必要なことは間違いなく、「優秀な人材を辞めさせない／採用する」ことと並んで、この点は大きな課題です。この解決のためには、次に述べる「正規雇用」という関係性からの拡張、ということも含めて考えることが必要です。

「正規雇用」という関係性からの拡張

労働力を確保する手段は正規雇用だけではありません。契約社員といった形がありますし、雇用ではなく外部委託などの方法もあります。近年では副業を許容する企業も増えていて、「自社の正規雇用の従業員に対して副業を認める」という方向だけでなく、「他社の正規雇用の従業員の副業を活用する」ことも増えるでしょう。

他の人材では代替できないような「極めて高い専門人材」は、そもそも従来のような「雇用」、正確には「正規雇用」という枠組みで扱わない方がよいです。「人事制度」と考えると、通常は自社の従業員に対するものと位置付けられますが、「人材マネジメント」を考える時は外部の人材も自社のリソースとして捉え、仕組みや各種制度を整備することが求められます。注目したい取り組みをいくつか紹介します。

注目したい取り組み1：従業員の個人事業主化

近年、有名企業において、自社の従業員が一度退職した後、業務委託契約を結んで従来と同様の仕事を受託するという制度を導入したケースが複数あり、話題になりました。「従業員の個人事業主化」と呼ばれるものです。現時点ではまだ、このような制度は未成熟な部分もあり、様々な問題が生じる可能性も高いと感じています。しかし、日本の人材マネジメントの将来像として、これは一つの答えだと捉え、注目しています。

社内の大多数が「従業員の個人事業主化」になることはあり得ないですが、「極めて高い専門人材」なら人材市場でも評価されるので、自社内で抱える雇用関係より、会社側にとっても働き手側にとってもメリットがあると思います。雇用関係を結ぶのではなく業務委託契約を結び、「アウトソース」のように業務を切り出すのではなく、比較的「インソース」に近い関係を作る――そういった形が望ましいと考えます。

注目したい取り組み2：フリーランスのネットワークを自社リソースと捉える

アウトソースがふさわしい場合、フリーランス人材の活用が有効です。

現在、価値観の多様化に伴ってかなり優秀な人材がフリーランスとして活動し、ネットワークが形成されています。自社内に必要な人材を抱え込むのではなく、フリーランスのネットワークを自社のリソースのように捉えてうまく活用する――そのような考え方が今後は必要になると捉えています。

実際、筆者がいるコンサルティング業界ではフリーランスが非常に増えています。ある程度の規模のプロジェクトでは、しっかりとしたコンサルティング会社に依頼をした方がよいですが、自社のリソースで不足する専門性を補うという目的であれば、フリーランスのコンサルタントを活用するという手段は有効です。関与率などの自由度も高いですし、当然、コストも安いです※。

※ このように書くと自分の首を絞めるようなものですが、実際は玉石混交だということは書き記しておきます。

注目したい取り組み3：「アルムナイ（OB／OG）会」の活用

3つめは「アルムナイ（OB／OG）会」です。アルムナイ会を作る目的は、一度自社を退職した人の呼び戻し、つまりは「出戻り」を促すためという場合が多いです※。これまで、場合によっては退職者を「裏切り者」のように捉える風潮もありましたが、近年は多くの会社が出戻りを歓迎する動きになっています。アルムナイ会は活用の余地が広いと思います。雇用という枠組みにとらわれず、アルムナイ会までを自社のリソースとして捉え、出戻りまではいかないが短期的な副業を依頼したり、知見を活用したり、事業上で連携したりするといったことも有効です。

※アルムナイを「出戻り採用制度」といったように説明している書物もあります。

背景にあるのは「緩やかなネットワーク」の作りやすさ

フリーランスやアルムナイ会の背景にあるのは、「緩やかなネットワーク」が作りやすくなったことだと思います。筆者が社会人になった二十数年前、スマートフォンではなく、いわゆる「ガラケー」を使っていました。SNSはもとより、携帯電話でメールを送受信することすらできなかった時代です。その時代と現在で大きく違うのは、人と人とのつながり方だと思います。

二十数年前は、連絡を取ろうと思うと電話をかける必要がありました。電話からメール、そしてSNSへと変化し、「連絡を取る」ことのハードルがかなり下がっています。

電話だと相手の都合を考えなければいけないですし、特段の用事がない時に連絡をするのは（恋人や親しい友人であれば別ですが）はばかられます。しかし、メールやSNSであれば「ちょっと聞きたいことがあるけど」程度でも気軽に連絡をすることができます。それによって、ライトな関係性が維持しやすくなり、結果として「緩やかなネットワーク」を作りやすくなっています。

「出世」を目指さないキャリアパスの確立

「日本型人材マネジメントシステム」の肝の一つは「画一的」であることですが、価値観が多様化している現在、これによる弊害が表面化し、もはや「画一的」な働き方は限界を迎えていると思います。

画一的に捉えていると無理が出る

昨今、「ワークライフバランス」という言葉が浸透してきました。「働き方改革」は確かに進み、劣悪な労働環境はかなり是正されていると思います。しかし、この方向性が正しいのかと聞かれれば、筆者は懐疑的に見ています。

ワークライフバランスや働き方改革という話の根拠として、「日本人は働き過ぎている。欧米では残業をしないで成果を上げている」ということがよく言われますが、この主張には無理があります。欧米の時間労働者は残業が少ないとは思いますが、社内競争を勝ち抜いて「出世」を目指すような人は異常なほど働く人も少なくないです（「競争」なので当然です）。これらを一緒くたにし、「みんな残業をなくしましょう」という論理は成り立たないです。実際、そのひずみが表面化してきていると感じています。

この点に関しては、すべてを「画一的」に捉えているからだと思います。日本型人材マネジメントシステムでは、従業員をあまり区分して考えないため、ワークライフバランスや働き方改革についても全員がそれに合わせることが求められます。だから無理が生じるのであり、画一的な働き方はもはや限界です。

注目するのは「一般職」という働き方

筆者が注目するのは、かつての「一般職」です。最近は「総合職」に統合されて廃止される傾向が強くなっていますが、日本の人材マネジメントシステムの将来像を考えたとき、この仕組みを改めて検討すべきだと感じています。もちろん、かつての仕組みそのままではなく、チューニングが必要です。

かつての一般職の問題点は「女性限定」であること、そして業務内容が単純作業やアシスタント的業務が中心だったことです。この2点を解消すれば、従来の一般職に類するものは将来の人材マネジメントシステムの柱として必要になると感じています。

当然、女性限定は今の時代に即さず、男性についても同様にその選択肢を取れるようにします。また、単純作業やアシスタント的業務は徐々に自動化され、よりコストの安い外部リソースを活用することも多くなっているので、あくまでも職務や責任範囲を限定することで差を付けます。このような、いわば「職務制限社員」というような形が必要になると考えています。

「一般職」が復活した場合の「総合職」は、「出世」を目指すコースと考えることができます。今は「出世」を目指す人もそうでない人も、基本的にはこの枠組みの中に入れられていますが、ここは切り離すべきだと感じます。「出世」を目指す人は自分の裁量で働くことができ、「出世を目指さない」人は決められた範囲の仕事をしっかりとこなす――そのような区分です。

「出世を目指さない」は一つの働き方

これまで「出世を目指さない」ことは本人からも周囲からも受け入れられづらい風潮がありましたが、そのようなキャリアパス／生き方を許容する／確立することが必要であると捉えています。

この点については、人事制度を作り変えるといった程度では実現しません。配置やモチベーション向上策などの人材マネジメント全体を考え直さなければならないですし、それ以上に社会に根差した風潮が変わらなければ浸透しないと思います。しかし、確実に世の中の風潮は変化していると感じています。かつては「出世を目指さない」という主張はどちらかといえば「出世できない」人の強がりのような感じに受け取られていましたが、最近は非常に優秀な人材でも「出世」に価値を感じない人が増えているように思います。

「『価値観の多様化』という言葉が使い古されてきている中で、企業側が画一的に考えようとしている」――コンサルタントとして多くの企業の人材マネジメントの考え方を見てきた中で、非常に強く感じることです。この「ずれ」を直すことが、時代に即した人材マネジメントシステム、そして人事制度を作り上げるために押さえるべきポイントであると考えます。

おわりに

本書は「優秀な人材が次々に辞めてしまう」という問題に悩む人事部門の方や、さらにはそのような問題認識を持つ企業の経営層の方々を対象として書きました。一方で「優秀な人材」に関する悩みは筆者自身も有しており、自分自身の悩みに対してどう考えるのかを整理したものとも言えます。幸い、筆者のチームは優秀な人材に恵まれ、また、優秀な人材が辞めてしまうという問題も今のところ生じていません。しかし、個々の人材の能力に大きく依存するコンサルティングという事業を展開する以上、どのように優秀な人材を惹きつけるのかは常に大きな課題です。

「はじめに」で触れましたが、本書は突き詰めると、次に示す2点を理解するためのものなのです。

- 人材問題を考える上での前提がどのように変わっているのか
- それに対応するために、企業はどのようなアプローチが求められているのか

この2点を非常に簡潔に述べると、次のようになります。

- 人材の量・質は満たされない時代である
- 一方で「人材循環時代」であり、「優秀な人は辞めていくが、採用するチャンスもある」という前提に立った企業運営が必要となる
- それに対しては「人材の量・質の確保（人材マネジメント）」と「人材の量・質に過度に依存しない仕事の進め方の確立（組織マネジメント）」の両輪からの取り組みが必要である

また、このような取り組みを進める上で、重要となる「優秀な人材を惹きつける」キーワードとして、次の3点を挙げました。

- 自律的なキャリア形成
- 評価や処遇の納得感
- 成長機会の存在

本書では、これらの取り組みや3つのキーワードを実現するために、具体的に何が必要なのか説明しています。

本書の中で幾度も述べていますが、人事制度（さらに言えば人材に対する考え方や人材マネジメントシステム）に「正解」はありません。そのため、具体的な制度や施策への落とし込みにおいては、各社が置かれた状況や成長ステージ、これまでの経緯などを踏まえて検討することが必要です。しかし、前提として踏まえるべき要素と、それを踏まえた基本的な考え方については、多くの場合、本書で述べたことが当てはまるのではないかと考えております。

人材問題は企業にとって永遠についてまわるものです。一度は解決（正確には「改善」）

が見られたとしても、また新たな悩みが生じるものだと思います。様々な価値観や思惑をもった「人」が組織を作る限り、これは避けられないです。

ただ、時代が変わっても、「優秀な人材」が求める本質的な要素は大きく変わらないのではないかと思います。本書で述べたことが起点となり、少しでも人材問題に関する悩みが解決できたならば幸いです。

謝辞

本書の出版に際しては株式会社日経ＢＰの松山貴之さんに大変お世話になりました。コンサルタントという仕事は、特定の顧客に最も効果的に私の考えが「刺さる」ように思考を組み立て、言葉を紡ぐものです。一方で執筆という作業は不特定の読者に対して届けるものであり、そのための文章の書き方はこれまでのコンサルタント生活でのそれとは全く異なるものでした。今回の執筆を通じて松山さんから頂いたご指摘は、私にとって非常に大きな学びとなりました。また、筆者が属するドルビックスコンサルティング経営戦略コンサルティング本部のメンバーには、様々な観点から原稿に目を通し、多くの意見をもらいました。ご協力いただいた皆様に心より御礼を申し上げます。

最後に、非常に個人的な話となりますが、本書の発行日である3月18日は私の娘の誕生日です（意図したわけではなく、偶然です）。日ごろから仕事に追われている上に、執筆期間中は週末をその時間に充てることが多く、相手をできないことが特に多かったと思います。そのような私にいつも協力をしてくれている妻と2人の娘に感謝を伝えたいと思います。誕生日プレゼントになるわけではないですが、いつか娘たちがこの本に目を通して「お父さんはこんなことを考えていたのか」と感じてもらえればよいな、などと思いつつ、筆をおきたいと思います。

２０２４年2月某日

車谷　貴広

著者プロフィール
車谷 貴広
ドルビックスコンサルティング株式会社
経営戦略コンサルティング本部 マネージングディレクター
金融機関、総合系コンサルティングファーム（戦略部門）、戦略系コンサルティングファームなどを経て2021年にドルビックスコンサルティングの立ち上げに参画。経営戦略や組織変革、人材管理体系の見直し、IT構想策定・導入など、戦略×組織を軸に顧客支援を行っている。20年超にわたり経営戦略コンサルティングに従事し、製造業や建設・不動産業、流通業、金融業などの幅広い業界で、グローバル展開をする大企業からベンチャー企業まで200社近くのコンサルティング実績を有する。

ドルビックスコンサルティング株式会社
2021年1月に大手総合商社である丸紅株式会社の100％出資により設立（事業開始）したコンサルティング会社。その中で経営戦略コンサルティング本部は、経営戦略に加えて組織人事、経営管理、業務・IT、M＆Aのいずれか／複数の専門性を有する人材によって構成され、複合的かつ複雑な経営課題に対して、課題特定から解決策の立案、実行支援・実装まで一気通貫した支援をしている。

優秀な人材が求める3つのこと
退職を前提とした組織運営と人材マネジメント

2024年3月18日
第1版第1刷発行

著　者　車谷 貴広
発行者　森重 和春
発　行　株式会社日経ＢＰ
発　売　株式会社日経ＢＰマーケティング
〒105-8308　東京都港区虎ノ門4-3-12
制　作　マップス
装　丁　bookwall
編　集　松山 貴之
印刷・製本　図書印刷

Printed in Japan
ISBN978-4-296-20454-0